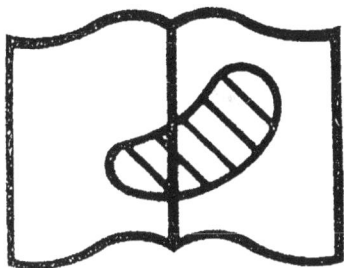

Illisibilité partielle

Couverture inférieure manquante

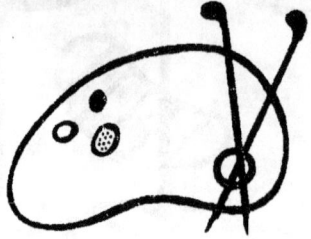

Original en couleur

NF Z 43-120-8

DOCUMENTS

CONCERNANT LES

CONFRÉRIES DE CHARITÉ

NORMANDES

Recueillis par E. VEUCLIN

ET PUBLIÉS

PAR LA SOCIÉTÉ LIBRE D'AGRICULTURE, SCIENCES, ARTS
ET BELLES-LETTRES DU DÉPARTEMENT DE L'EURE

Travail couronné par la Société libre de l'Eure
(PRIX DE BLOSSEVILLE)

ÉVREUX
IMPRIMERIE DE CHARLES HÉRISSEY
—
1892

DOCUMENTS

CONCERNANT LES

CONFRÉRIES DE CHARITÉ

NORMANDES

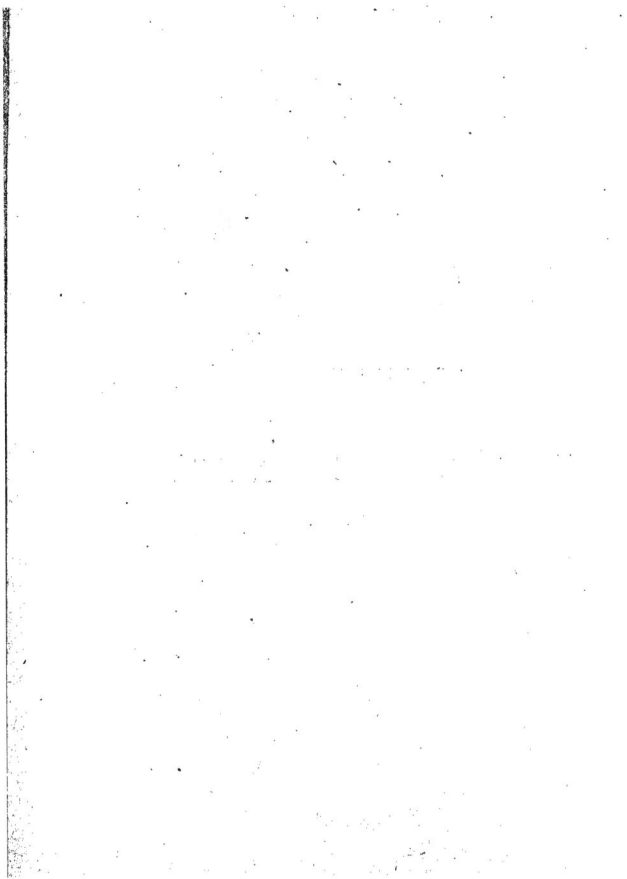

DOCUMENTS

CONCERNANT LES

CONFRÉRIES DE CHARITÉ

NORMANDES

Recueillis par E. VEUCLIN

ET PUBLIÉS

PAR LA SOCIÉTÉ LIBRE D'AGRICULTURE, SCIENCES, ARTS
ET BELLES-LETTRES DU DÉPARTEMENT DE L'EURE

Travail couronné par la Société libre de l'Eure
(PRIX DE BLOSSEVILLE)

ÉVREUX
IMPRIMERIE DE CHARLES HÉRISSEY
—
1892

DOCUMENTS

CONCERNANT LES

CONFRÉRIES DE CHARITÉ NORMANDES

Recueillis par E. VEUCLIN

Travail couronné par la Société libre de l'Eure (Prix de Blosseville)

AVERTISSEMENT

En mettant au concours, il y a trois ans, l'*Histoire des Confréries de Charité en Normandie*, la Société libre d'agriculture, sciences, arts et belles-lettres du département de l'Eure espérait avoir un jour à publier sur cette question un ouvrage, non pas définitif peut-être, mais au moins de nature à en avancer l'étude beaucoup plus que ne le fera le travail qu'elle livre aujourd'hui au public. Il n'a pas tenu à elle que les intentions de M. le marquis de Blosseville ne fussent remplies d'une façon complète. Deux mémoires seulement furent présentés à l'examen du jury qu'elle avait formé [1]. Le premier n'était qu'une dissertation fort courte et presque exclusivement littéraire, dans laquelle on ne pouvait relever aucun aperçu nouveau et dont assurément l'au-

[1] Ce jury se composait de MM. Join-Lambert, président de la Société ; Izarn, vice-président; Léopold Delisle, Charles de Beaurepaire, Emile Hérissay, Bourbon, Charles Molle, Gustave Prévost et Léon Petit. Voir le rapport fait par M. Molle au nom du jury, dans le *Recueil des travaux de la Société libre d'agriculture de l'Eure*, 4ᵉ série, t. VIII, p. 243-245.

teur n'a jamais prétendu mériter le prix de 600 francs dû
à la générosité de l'héritier de M. de Blosseville, M. le
marquis de Boury. Le second manuscrit, très considé-
rable, contenait, au contraire, une foule d'indications
précieuses, de documents inconnus ou peu connus, et
témoignait, comme le fit remarquer le rapporteur, de
recherches considérables poursuivies pendant de longues
années. Ce n'était pas là toutefois une histoire des confréries de charité : c'était tout au plus une provision de
matériaux, à l'aide desquels on pouvait espérer voir
édifier un monument durable. Seule, en effet, cette considération put vaincre l'indécision du jury, et le prix
fut décerné à l'auteur, M. Veuclin, publiciste à Bernay.

La Société s'attendait, en retour, à ce que M. Veuclin
achevât le travail qu'il avait si bien commencé : elle
comptait qu'il utiliserait les notes et les documents par
lui réunis, qu'il ferait, en un mot, l'histoire des Charités
réclamée par le programme du concours et attendue
par tous ceux qui connaissaient les désirs maintes fois
manifestés de M. de Blosseville. Il n'en fut rien.
M. Veuclin recula devant la tâche, assurément difficile,
qui s'imposait au lauréat de la Société libre de l'Eure,
et finalement abandonna son manuscrit à la Société,
pour le publier sous telle forme que celle-ci jugerait
convenable.

L'idée d'entreprendre, pour son propre compte, le travail de mise en œuvre que nous venons d'indiquer ne
tarda pas à être écartée par celui de ses membres que
la Société avait chargé du soin de préparer pour l'im-
pression le manuscrit couronné. Chacun comprendra les
raisons de haute convenance et de probité littéraire qui
justifient cette résolution. Il restait donc uniquement

à choisir, parmi les documents inédits recueillis par
M. Veuclin, ceux qui paraissaient offrir le plus d'intérêt,
et à en publier le texte. La plupart de ces documents se
sont trouvés être des statuts de Charités. Bien que le
règlements de ce genre fussent, en quelque sorte, calqués
les uns sur les autres, les variantes et les modifications
qu'ils subirent dans beaucoup de paroisses en rendent
l'étude comparée éminemment fructueuse ; de sorte
qu'une publication intégrale pouvait seule remplacer la
longue dissertation dans laquelle ces analogies et ces
différences eussent été avec soin mises en relief. C'est
dans leurs statuts que se trouve, en réalité, l'histoire
journalière des confréries de charité ; c'est en les lisant
que l'on apprécie le mieux l'esprit moral, philanthro-
pique et profondément chrétien qui animait ces associations. Il n'y avait donc aucun inconvénient à multi-
plier les éléments de comparaison [1].

.·.

M. Bourbon, qui a donné, dans son introduction à
l'*Inventaire sommaire* de la série G des Archives de

[1] De nombreux règlements de Charités ont déjà été publiés, par
exemple, celui de la Charité de Notre-Dame de Bernay en 1855, par
M. Sainte-Marie Mévil (*Chartes de la Charité de Notre-Dame de la Couture et documents relatifs à l'histoire de Bernay*, p. 9-19) ; celui de la Charité de Damville en 1859, par M. Ange Petit (*Notes historiques sur l'origine, les seigneurs, le fief et le bourg de Damville*, p. 96-111) ; celui de la
Charité d'Ailly en 1864, par M. l'abbé Lebeurier (*Notice historique sur la
commune d'Ailly*, ap. *Annuaire du département de l'Eure*, 1864, p. 36-40) ;
celui de la Charité d'Alisay en 1867, par le même érudit (*Notice historique
sur la commune d'Alisay*, ap. *Ann. du dép. de l'Eure*, 1867, p. 155-159) ;
celui de la Charité d'Ambenay en 1868, encore par M. l'abbé Lebeurier
(*Notice histor. sur la commune d'Ambenay*, ap. *Ann. du dép. de l'Eure*,
1868, p. 224-232) ; celui de la Charité de Condé-sur-Risle en 1872, par
M. V. Advielle (*Notices sur les communes de Condé, Saint-Paul-sur-
Risle, le Theillement*, p. 53-65) ; celui de la Charité de Vaucelles en

l'Eure, un excellent aperçu historique des Charités,
disait en 1886 : « L'origine des confréries de charité
paraît être restée jusqu'ici un problème non résolu [1]. »
Personne, croyons-nous, n'est autorisé à s'exprimer
différemment en 1892. On a émis sur cette question
diverses hypothèses qui ne peuvent pas être considé-
rées comme certaines. Les uns, comme M. Le Mercier [2], pensent que l'idée première des confréries de
charité est venue d'Orient à une époque ancienne,
peut-être au moment des croisades, et que les *hétairies*
grecques et les *sodalies* romaines furent les modèles
imités. Les autres ont été frappés de l'analogie que présentent certains articles des règlements de nos confréries religieuses du moyen âge avec les prescriptions
contenues dans les statuts des *Ghildes* scandinaves,
anglo-saxonnes et germaniques. M. Bourbon, en rappe-
lant la conclusion qu'Augustin Thierry avait cru pouvoir tirer de cette remarque, fait observer qu'à côté de
ces analogies évidentes, les statuts des *Ghildes* présentent
un ensemble de mesures pour l'assistance mutuelle,
matérielle et morale des membres de l'association qu'on

1884, par M. Eugène de Beaurepaire (*Les fresques de Saint-Michel de
Vaucelles*, ap. *Bulletin de la Société des Antiquaires de Normandie*,
t. XII, p. 667-674); celui de la Charité de Saint-Denis de Rouen en 1888,
par M. Charles de Beaurepaire, pour la Société rouennaise de bibliophiles
(*Statuts de la Charité de Saint-Cosme, Saint-Damien et Saint-Lambert en l'église de Saint-Denis de Rouen*); celui de la Charité de Saint-
Patrice de Rouen en 1891, par M. P. Le Verdier, dans la première série
des *Mélanges* publiés par la Société de l'histoire de Normandie, p. 335-
357 (*Documents relatifs à la confrérie de la Passion de Rouen*), etc.
Enfin, M. Bourbon a cité, dans l'*Inventaire sommaire* de la série G des
archives de l'Eure (1886), des passages plus ou moins étendus des statuts
des Charités d'Amécourt, Amfreville-la-Campagne, Notre-Dame d'Andely,
le Gros-Theil, Hennezis et Trouville-la-Haule.
[1] *Inventaire des Archives de l'Eure*, série G, introduction, p. v.
[2] Articles sur les confréries de charité, publiés en 1872 dans le journal
l'Avenir de Bernay.

ne retrouve plus dans les Charités ni dans les autres
confréries religieuses du moyen âge[1]. Quant à M. Veuclin, il paraît se rallier complètement à l'opinion d'Augustin Thierry, car, dans l'introduction à son recueil de
notes, il dit textuellement ceci : « On verra par leur
organisation intime combien les confréries de charité
ont de points de ressemblance avec les *Ghildes* dont il
est parlé et qui offrent absolument les mêmes prescriptions que celles fournies par les statuts les plus anciens
des Charités normandes : visite des malades, veillée
des morts, inhumation solennelle des défunts, assistance aux offices funèbres, offrandes pour le repos de
l'âme des défunts, serment d'obéissance, secours mu-
tuels, etc. »

Quoi qu'il en soit, c'est seulement dans la seconde
moitié du xive siècle que nous constatons, pour la première fois, l'existence en quelque sorte officielle et légale
des confréries de charité. Ce fut à cette époque que ces
associations commencèrent à se donner des règlements.
Le plus ancien connu est celui de la Charité de l'église
paroissiale de Saint-Denis de Rouen, qui porte la date
de 1358. Puis viennent successivement les statuts de
Charités de Saint-Patrice de Rouen (1374), de Sainte-
Croix de Bernay (1397), de la Couture de Bernay (1398),
des Jacobins de Rouen (fin du xive siècle), de Menneval
(1407), de la cathédrale de Rouen (1410) et d'Évreux
(1421). Le mouvement suivit son cours pendant tout le
surplus du xve siècle, et nous connaissons aussi la date
à laquelle se réglementèrent les Charités de Saint-
Jacques de Lisieux (1442), de Notre-Dame de Froide-
Rue de Caen (1443), de Vaucelles (1446), de Saint-

[1] *Inventaire des Archives de l'Eure*, série G, introduction, p. v.

Étienne-le-Vieux et de Notre-Dame-des-Carmes de
Caen (1449), de Notre-Dame de Louviers (1450), de
Saint-Nicolas de Caen (1452), de Surville (1453), de
Pont-l'Évêque (1454), de Laigle (1479), de la Ferrière-
sur-Risle (1484), de Saint-Martin de Caen (1486), de
Saint-Gilles de Caen, de Longny et de Saint-Jean de
Verneuil (1488), de Saint-Ouen de Caen, de Chenne-
brun et de Notre-Dame de Verneuil (1493), du Saint-
Sépulcre de Caen (1495), de Damville (1498), etc.

Rendre aux morts les devoirs temporels et spirituels,
tel était avant tout le but des confréries de charité. Des
prescriptions statutaires relatives aux aumônes, à la
réconciliation entre adversaires ou ennemis, à l'assistance morale, en furent comme la conséquence. Mais
les statuts de la Charité de Saint-Patrice de Rouen,
fondée en 1374, contiennent un article qui constitue une
exception fort rare et peut-être unique aux préoccupa-
tions habituelles des Charités. Cette confrérie, connue
sous le nom significatif de Confrérie de la Passion, entre-
prit, en effet, de donner elle-même, par ses membres,
des représentations publiques de *mystères*. Voici, d'ailleurs, l'article en question : « Il est ordonné que les
frères de la Charité dessus ditte mettront la meilleure
partie qu'ils pourront bonnement chacun an, une fois
tant seulement, en memoire de Notre Seigneur Jésus
Christ et de sa glorieuse mère et de tous les saints du
paradis, pour esmouvoir le peuple chretien à bonne
devotion, à faire aucun vray mistère ou miracle, qui
sera par bonne et devote manière montré en la personne
des frères, en lieu et place convenable à ce faire, sans
y adjouter aucune chose fors que la sainte Écriture, et
à certain jour de feste, tel comment les dits frères avise-

ront estre plus profitable pour le profit de la ditte Charité, et feront ledit mystère les dits frères bien honnestement sans faire prejudice à aucune personne....[1]. »

Les ressources parfois considérables dont jouissaient les Charités leur permirent de contribuer pour une large part à l'ornementation des édifices consacrés au culte. Aujourd'hui encore, l'archéologue rencontre fréquemment dans les églises de campagne des objets curieux pour l'histoire de l'art dus à la munificence des confréries : retables, vitraux, croix de procession, tableaux, cloches anciennes, sans parler des miniatures dont les Charités manquèrent rarement de décorer leurs registres en parchemin. Ce côté de l'histoire des Charités donnerait lieu dans un travail complet à un très intéressant chapitre.

Notre rôle est aujourd'hui beaucoup plus modeste. Nous ne sommes pas historien, mais simple éditeur, et nous désirons que ce recueil soit considéré comme l'œuvre exclusive du lauréat de la Société libre de l'Eure.

⁎⁎

Voici la liste des documents dont on trouvera le texte ci-après :

1° Statuts de la confrérie de Saint-Jean aux Capiaux de Saint-Lô (entre 1381 et 1386);
2° Statuts de la Charité de Menneval (1407) ;
3° Statuts de la Charité d'Évreux (1421) ;
4° Statuts de la Charité de Notre-Dame de Louviers (1450) ;

[1] P. Le Verdier, *Documents relatifs à la confrérie de la Passion de Rouen*, dans la première série des *Mélanges* publiés par la Société de l'histoire de Normandie, p. 342.

5° Statuts de la Charité de Saint-Gervais de Falaise (1471);

6° Statuts de la Charité de Chennebrun (1493);

7° Statuts de la Charité de Notre-Dame de Saint-Lô (1520);

8° Règlement des Charités du diocèse de Lisieux (1728);

9° Lettres patentes de Louis XV en faveur de la Charité d'Alençon (1736);

10° Bulle d'indulgences accordée par le pape Urbain VIII à la Charité d'Amfreville-la-Campagne (1633).

Tous ces documents seront publiés d'après la copie qui en a été faite par M. Veuclin. Seuls, les statuts de la Charité d'Évreux ont été collationnés et complétés sur le texte original.

On trouvera à la suite la liste des Charités sur lesquelles M. Veuclin a recueilli des renseignements. Cette liste sera dressée par ordre alphabétique, et contiendra, entre autres indications, celle du diocèse dont les confréries relevaient, avant la Révolution, de leur départetement actuel, de leur origine certaine ou présumée, de la date de leur réglementation, enfin des sources bibliographiques à consulter sur leur histoire particulière.

Les figures jointes au présent travail reproduisent, d'après des dessins annexés au manuscrit de M. Veuclin et dus, croyons-nous, à M. Emile Vaucanu, quelques-unes des miniatures qui ornent les registres des Charités de Menneval et de la Couture de Bernay. Deux autres représentent le diplôme de la Charité d'Autheuil (Eure), très habilement copié par M. Pellaton, et le cliqueteur de la Charité de Sainte-Foy de Conches, dessiné par M. Laumonier d'après un fragment de vitrail du xvii° siècle. L'explication de ces diverses figures terminera le volume.

***

DOCUMENTS

I

On ne trouve pas dans les statuts de cette confrérie
la preuve qu'elle ait été véritablement une Charité,
c'est-à-dire une association vouée surtout à l'inhumation des morts. Ces statuts, pleins d'un mysticisme
naïf, nous ont paru cependant mériter de figurer en tête
de notre recueil.

Si les dernières phrases permettent de démontrer
aisément que ce règlement fut rédigé entre 1381 et
1386, pendant les cinq dernières années de l'épiscopat de Sylvestre de la Cervelle, évêque de Coutances,
il n'est pas aussi facile de fixer la date de la fondation
de la confrérie. Le début du document nous apprend
cependant que la confrérie fut confirmée par « notre ré-
vérend père en Dieu messire Hûe, jadis évesque de Coutances, que Dieu pardoint ». Mais il faut remonter jusqu'à la première moitié du xiii° siècle pour trouver un
prédécesseur de Sylvestre de la Cervelle dont le nom

puisse se traduire par Hue. C'est Hugo de Morville, qui occupa le siège de Coutances de 1209 à 1245. Comme les statuts de la confrérie de Saint-Jean aux Chapeaux nous sont connus uniquement par la transcription qui en fut faite au xviii° siècle dans un manuscrit aujourd'hui conservé aux archives du Calvados, il serait téméraire d'affirmer que le compilateur a correctement lu le nom du prélat approbateur et que la confrérie fut fondée sous Hugues de Morville. Les confréries remontant authentiquement à cette époque sont, en effet, fort rares, et rien ne nous permet de supposer que la grande confrérie Notre-Dame de la ville de Paris, dont les titres les plus anciens datent de 1257, doive céder le pas à la pieuse association des bourgeois de Saint-Lô.

Cy ensuivent les institutions et ordonnances de la confrarie Monsigneur S¹ Jehan aux Chapiaux, qui fut ordonnée et etablie par les bourgeois de la rüe S¹ Georges, laquelle confrarie fut confirmée par Notre Reverend Pere en Dieu Messire Hüe, jadis evesque de Coutances, que Dieu pardoint.

Premièrement, quiconque entrera en laditte confrarie payera dix deniers tournois pour son entrée.

Item, chacun frère et sœur payera cinq deniers tournois par an, pour soutenir la messe qui est ordonnée estre ditte tous les dimances de l'an au grand autel de Notre Dame de S¹ Lô ; et est laditte messe celebrée pour le salut des âmes des trepassez de laditte confrarie.

Item, lesdits frères et sœurs doivent aller à S¹ Jehan d'Agneaux le dimance après la S¹ Jehan ensemble, ou à une autre eglise, à la volonté desdits freres et sœurs, pour estre au service des trepassés, et doivent aller offrendre et avoir chacun un chapel de trois fleurs sur la teste. La cause pourquoy l'on porte ledit chapel est parce que l'on trouve que les anciens bourgeois qui fondèrent laditte confrarie la nommèrent S¹ Jehan aux Gapiaux, et aussy que Monsigneur S¹ Jehan fut le plus digne homme que onques fuct né de mère de semence d'homme. Ils etablirent que, en l'honneur et venerence de M⁷ S¹ Jehan, chacun frère porteroit un chapel de trois fleurs sur le plus [noble] membre que homme ait, c'est la teste. Lequel chapel signifie noblesse, dignité, joye, honneur, beauté, liesse, vertus, proesse, sens et entendement, charité, amour, force et vigour. La quantité des fleurs qui sont audit chapel signifient les très grandes vertus, miracles et bonnes mœurs, paroles de Monsieur S¹ Jehan. La couleur des fleurs qui sont audit chapel signifie la benoiste Trinité de paradis, et signifient les trois grandes dignitez que a Monsieur S¹ Jehan : il fut patriarche, et fut prophète, et fut la fleur du baptême; et signifient les trois vestements que oult Notre Signeur Jesus Christ quand il souffrit passion : le premier fut jaune, le second vermeil, et le tiers était blanc, et signifient plusieurs autres choses.

Item, les nouveaux doivent porter chacun ung cierge ardant en leur main, de l'eglise Notre-Dame jusques à l'eglise de S¹ Jehan d'Aigneaux, et le tenir ardant à la messe, aux depens de laditte confrarie; et se les cierges ne sont tous aux nouveaux, le demeurant doit être mis à la perche à tant que la messe soit ditte.

Item, se laditte confrarie siet, elle sera le dimance prochain après la S¹ Jehan, se la S¹ Jehan n'échiet au samedy.

Item, les cierges que les nouveaux portent signifient communication que chacun doit avoir à laditte confrarie, et signifie l'avenement que monsieur S¹ Jehan prescha aux Juifs et à plusieurs autres.

Item, nul qui soit en sentence d'excomange ne doit comparer au digner avec les frères.

Item, les procureurs doivent donner l'aumosne telle comment elle demeurra après disner, et doivent lendemain faire dire une messe pour les âmes desdits trepassés, et doivent tenir le luminaire à la perche et aux autels le jour S¹ Jehan et la vigille à Aigneaux ou autre eglise.

Item, chacune personne qui trepassera aura une messe et à deux souls de pain donné aux posvres, et si aura la pelle et le luminaire aux depens de laditte confrarie; et pour les choses

2

dessus dittes, chacun frère et sœur paèra chose pour chacun trepassé.

Item, les amys du trepassé le doivent faire asavoir au dit procureur, pour en faire leur debvoir et pour le faire asavoir au sonneur de clocquer leur patenostre quand ils oëns sonner la clocque pour les trepassés.

Item, le luminaire doit ardre à la commedation et à la messe tant seulement, fort que ung des cierges sera ardant tant qu'il sera sur terre, et celui qui luira querir sera tenu à le rendre.

Item, quand un des frères ou sœurs se trepassent, il doit laissier de ses biens à laditte confrarie, selon sa puissance.

Item, le samedy ensuyvant du dimance que confrarie aura sis, lesdits frères doivent assembler pour nouveaux procureurs, se mestier est : et ils doivent laisser ung des vieux qui ait servi le temps passé pour ensoigner les aultres; et qu'il y en ait ung clerc pour voir et savoir qui sera tenu à laditte confrarie.

Item, le chapitre tenu, les frères doivent ouyr le compte des procureurs qui ont servi l'an precedent, ou commettre aucuns des suffisans pour ouyr lesdits comptes.

Item, les procureurs nouveaux doivent jurer que bien et loyaument ils procureront les appartenances de laditte confrarie et en la fin de lui en rendre compte.

Item, ung presbtre de laditte confrarie doit recevoir les sermens des nouveaux pourvus.

Item, les procureurs doivent recevoir le serment des nouveaux qui y entreront, disans et promettans que, tant comment il y en eut douze, qu'ils seront le treiziesme.

Item, les frères et sœurs veulent que les choses dessus dittes, comment il appert par les lettres, soient tenues et ayent force sur les sermens qu'ils ont à faire à laditte confrarie.

Item, Messieurs de Coutances donnent à tous les frères et sœurs de laditte confrarie vrais confès et repentans de leurs pichiers, qui prieront pour les trepassés et qui bien et loyaument se maintiendront et payeront ce que eulx y doivent trente jours de pardon.

Item, Reverend Père en Dieu Monsieur l'evesque de Coutances qui pour le présent est donne à tous frères et sœurs de laditte confrarie vrais confès et repentans de leurs pichiers et que bien et loyaument la matendront et payeront ce que eulx y doivent, quarante jours de vray pardon.

Item, lesdits quarante jours de vray pardon furent donnés de notre dit sieur l'evesque de Coutances l'an mil trois cent quatre vingt et ung, le 7ᵉ jour d'aoust, et fut associé audit Monsieur Sᵗ Jehan Battiste Monsieur Sᵗ Jehan le Vierge. Faict et confermé par ledit evesque, l'an et le jour dessus dits, à la requeste et prière de honorable personne Jehan Le Paumier, Jehan Quetel et Denis Le Robineux, confrariers de laditte confrarie.

Item, lesdits confrariers ont fait faire en l'an dessus dit ung image de Mʳ Sᵗ Jehan Babtiste, lequel ont fait mettre et poser au grant autel Notre-Dame de Sᵗ Lo ; lequel image a cousté à faire et à dorer la somme de vingt-quatre livres et aux depens de laditte confrarie. Dieu leur face pardon à l'âme. Amen.

(Ms. du xviiiᵉ siècle. Archives du Calvados.)

II

STATUTS DE LA CHARITÉ DE MENNEVAL (1407)

Ces statuts, qui datent de l'origine de la confrérie (1407), ont été transcrits en tête du matrologe qu'elle fit commencer en 1528. Plusieurs miniatures intéressantes décorent ce registre, qui existe encore aujourd'hui. Les figures ci-jointes en reproduisent quelques-unes.

Ensuivent les estatus et ordonnances de la confrarie et charité ordonnée et establie en l'eglise Sainct Pierre de Maneval, du consentement de Johan Planquette, esquevin, et de Johan Valequier, prevost, et de Johan du Moustier, et de Girot Ferey, et de Colin Blondel, et de Robert Delaunay, et de Pierre Vivien, et de Guillot Faiel, et de Guillemin Vipere, et de Robin Lefevre, et de Robin Salle, et de Huet Quentin, et de Jacques De Lettre, premiers fondateurs et ordonnateurs de ladicte Charité.

Comment on doibt recevoir les frères.

Et premièrement est establi et ordonné que, se aulcune personne veult benignement requerir estre receu en ladicte Charité, soit homme ou femme, il y sera receu, pourveu qu'il soit puissant de corps pour gaigner sa vie et qu'il soit en aulcun sentence de excommenge. Et à sa reception et entrée première à ladicte Charité, sera tenu de paier dix deniers tournois pour couple, et à chacune des dictes festes, c'est asçavoir à la Chaire sainct Pierre en fevrier et à la sainct Pierre en juing et à la sainct Michel, pareillement dix deniers tournoys.

Cy ensuyt l'ordonnance des messes.

Item, pour le salut des âmes des frères et des sœurs et bienfaicteurs d'icelle Charité, tant vifs que trespassés, chacun jour de l'an sera en ladicte eglise celebré une messe, et sera toujours la première messe dicte en l'eglise au jour du dimanche à haulte voix à dyacre et à soubz dyacre, et une aultre feste, laquelle les frères esliront à leur plaisir, et aux aultres jours de la sepmaine, basse. Lesquelles messes seront ordonnées estre celebrées par sept chapelains de congnoissance, bons et suffisans, chascun à son tour. Et se aucuns desdictz chapelains estoit par aucune occasion empesché et que il ne peult celebrer la messe qui luy eschoirrait à son tour, il sera tenu de le faire savoir le jour de devant au prevost ou à l'esquevin, afin de pourvoir en temps d'aultre chapelain qui la diroit pour luy.

Ordonnances des messes et vespres et vigilles des trois festes solennelles.

Item, à chacune des troys festes dessus dictes sera celebrée une messe à haulte voix, à dyacre et à soubz dyacre, pour les frères et sœurs d'icelle Charité; et après les vespres de la journée, les sept chapelains devant dictz diront vigilles des trespassés, et lendemain sera celebrée une messe de *Requiem*, semblablement à dyacre et à soubz dyacre, pour le salut des trespassés.

Ordonnances du prevost et esquevin et des XIII frères et des sermens.

Item, ladicte Charité sera gouvernée XIII preudhommes et loiaux à ce esleus, desquels XIII l'ung sera ordonné et nommé esquevin et l'autre prevost, et les autres unze seront dis et nommés servans; lesquels jureront et promettront que, à leur pouvoir, bien et loyallement à leur conscience, administreront et serviront en leurs offices qui leur seront commises, en augmentant les biens de ladicte Charité. Et seront tenus de rendre compte bon et loyal de leur administration troys foys en l'an, c'est asçavoir à chacunes des festes dessus dictes.

L'ordonnance et comme les XIII frères doibvent aler querir l'esquevin et comme chascun doibt avoir sa torche.

Item, les treize frères officiers dessus dictz, à chascune des troys festes devant dictes, auront chacun une torche du poix de deulx livres de cire ou environ. Et seront tenus d'aler querir l'esquevin et le convoier, avec icelles torches ardans, en allant aux premières vespres et lendemain à la messe, et en retournant jusquè à son hostel et aussy aux secondes vespres d'icelle Charité. Et pourront iceulx treze frères ou officiers porter croix, campenelles et banière de ladicte frarie par toultes les parroisses d'environ une lieue près de Maneval, esquelles seront demourant les frères et sereurs dicelle.

Les chaperons de livrée.

Et aussy chascun d'iceulx treze officiers aura ung chaperon qu'il paiera du sien propre, et de couleur pareille, sans aucune difference; lesquels chaperons, ils seront tenus porter en toutes les affaires d'icelle Charité, c'est asçavoir au jour de dimence, à la messe ordonnée pour ladicte Charité, aux services des trespassés d'icelle, tant aux vigiles qu'à la messe et enterrement.

L'ordonnance comme les prebstres doivent dire « Placebo » et « Dirige » pour les trespassés.

Item, se aucuns des frères ou sœurs de ladicte Charité va de vie à trespas, les chapelains cy dessus dictz seront tenus de dire

les vigilles ou services des trespassés. C'est asçavoir *Placebo*
et *Dirige* à neuf leçons au lieu où le corps trespassé adoncques;
et y seront de comencement et jusques à la fin, avec les treze
officiers dessus dictz, ce le corps est enterré une lieue entour
Maneval, ce ilz n'ont excusation legitime pourquoy aucun
d'eulx n'y puisse estre. Et ce le corps ou corps trespassés
estoient de plus loing. quant il sera venu à la congnoissance
d'iceulx frères en ladicte eglise de Sainct Pierre de Maneval,
ce ¹ faict aux despens de la Charité toult ycel service et les
vigilles, comme se le corps estoit present. Et iceulx sept chapelains seront tenus de aider à chanter toutes les messes qui
seront dictes tant aux dimances que aux aultres festes dessus
dictes, et celles des trespassez avec les vigilles et services, et
estre à l'enterrement des frères et sœurs trespassés.

Item, s'il avenoit que, pour cause de mortalité ou autrement,
l'en ne peult mye trouver sept chapelains pour celebrer chascun à son tour, comme dict est, l'en pourrat faire celebrer les
dictes messes par ung chapelain jusques à ceu que l'en eust
pourveu des aultres pour les dire.

Le luminaire pour les trespassés.

Item, le luminaire pour les corps trespassés sera de quattre
gros cyerges, chascun du pois de troys livres environ, qui
ardront à l'environ du corps, et deulx aultres petits cyerges,
chascun d'une livre, qui seront sur l'autel et ardront durant le
service des vigilles et de la messe.

Le luminaire des frères serviteurs trespassés.

Item, se aucun des frères servans, ou qui ont aultrefois servi
et eu office en ladicte Charité, va de vie à trespas, il se[ra]
accompaigné de deulx torches, chacune du poys de troys livres,
à porter le corps de l'ostel à l'eglise et de l'eglise au lieu où il
reposera. Et ou cas que il auroit eu office de prevost ou d'esquevin, il aura quattre torches qui ardront jusques à ce que le
service de ladicte Charité soit faict et acomply.

¹ Pour *sera*.

Comme les frères doibvent lever le corps de l'ostel.

Item, les treze frères ou officiers devant ditz seront tenus de lever le corps du trespassé de son hostel et de le porter à l'eglise, où l'on celebrera une messe solennelle à dyacre et à soubz dyacre, comme dict est. Et s'il eschoict à avoir en ung jour plusieurs corps, ladicte messe suffiroit ceste jour pour plusieurs comme pour ung seul.

Item, seront tenus, iceulx treze frères ou officiers, de faire celebrer une messe basse pour ung chascun frère trespassé, le jour de son obsèque, aux despens de la Charité. Et suffira, icelle messe devant dicte, pareillement pour plusieurs corps comme pour ung seul. Et, le service acomply, seront tenus de convoier les amys du trespassé jusques à l'ostel duquel le corps sera parti.

Les cierges pour les messes solennelles.

Item, à toutes les festes commandées à saincte Eglise, quant l'en celebrera les messes de la Charité, seront mys en deux candeliers deux cierges sur l'ostel, du pois d'une livre de cyre pour chascun cierge, qui ardront tant que la messe soit finée, et de deux torches, chascune du pois de troys livres, lesquelles seront tenues par deux desdicts frères à la levation du corps Nostre Seigneur Jesus Christ.

Comme les frères doibvent faire le pain benoist.

Item, le prevost faira le pain benoist le prochain dimence d'après la feste sainct Pierre, et l'esquevin le second dimence d'après; et les unze frères servans de dimence en dimence, en suivant chascun à son tour, à leurs despens, et poira celuy qui faira le pain benoist ung blanc pour l'offrande des frères dessus dicts.

De ceulx qui vont demourer hors du pais.

Item, s'il eschiet que aucun des frères et sœurs de ladicte Charité veuille aultre part demourer et laisser le pais de Maneval, ou qu'il ne puisse tenir ou accomplir les ordonnances que il est tenu de faire pour icelle Charité, il sera tenu de paier les arrerages qu'il en pourra devoir, avec cinq deniers tournoys pour issue d'icelle Charité.

Des campenelles.

Item, seront ordonnées deux campanelles à main pour faire les crys et prières pour les trespassés que l'en dit les pate-nostres, et qui seront aussy sonnées quant l'en portera le corps en terre.

Des XIII pains pour les trespassés.

Item, à chascun trespassé, le jour de son enterrement, l'en donnera jouxte la fosse à treze povres treze pains.

Des ladres.

Item, s'il eschiet aucun des frères ou sœurs de ladicte Charité estre ladre et separé de la compaignie des saints [1], les treze frères dessus dictz seront tenus à le convoier à la croix, campenelles et banière jusques au lieu où le curé de la paroisse le convoira. Et ci luy plaist, [avant] qu'il parte, il aura une messe solennelle à dyacre et soubz dyacre en l'eglise de la paroisse.

De ceulx qui doibvent avoir le tour de la Charité.

Item, se aucun des frères ou sœurs dessus dictz estoit en telle infermeité de son corps qu'il ne peut gaigner ou n'ait de quoy vivre sans mendier, s'il requiers ou fait requerre des biens de ladicte Charité à la table de la recepte, les serviteurs ou officiers dessus dictz seront tenus de lui distribuer et livrer six blancs pour sepmaine, ou plus ou moins, au regard des frères ou serviteurs, pour chacune sepmaine, durant le temps de sa maladie, pourveu que par an et jour ait esté en ladicte Charité.

De l'office du clerc.

Item, sera ordonné ung clerc aux despens de ladicte Charité, qui administrera et servira les prestres à l'autel et au service

---

[1] C'est-à-dire *des sains.*

et semondra les frères et seurs en tous les affaires d'icelle
Charité quant à l'eglise et lieu en, c'est asçavoir que chascun
an, au jour de la feste de sainct Pierre de juing, seront
ordonnés prevost et esquevin et six serviteurs nouveaux, toult
au mieux que l'en verra expedient pour le bien de ladicte
Charité.

Les messes ordonnées.

Oultre les messes dessus ordonnées, au jour de Nouel et de
Tous Sainctz et du sainct Sacrement, sera celebré une messe
solennellement, à dyacre et à soubz dyacre, en ladicte eglise
de Sainct Pierre de Maneval, et après les vespres dudict jour
de Tous Sainctz seront en icelle eglise dictes vigilles des trespassés pour le salut de l'âme des âmes des frères et seurs
trepassées de ladicte Charité, et le lendemain une messe de
Requiem solennellement, à dyacre et à soubz dyacre semblablement.

Les chapelains defaillans.

Item, que lesdictz chapelains ou aucuns d'iceulx defaillent
à faire ou accomplir les choses dessus dictes ou aucunes d'icelles,
pour chacune foys qu'ils auront failly seront tenus de paiere
cinq deniers tournoys pour convertir au proffict de ladicte Charité, ce en cas toutes voies qu'ilz n'auront excusation legitime.

Les frères serviteurs defaillans.

Et se lesdictz frères serviteurs ou aucun de ceulx defaillent,
comme dict est, d'acomplir les choses dessus dictes, ils paieront par chacune foys qu'ilz auront defailly cinq deniers tª à
convertir à la volunté des frères, en cas toutes voies qu'ilz
n'y envoiroient pour eulx personne convenable et abille pour
servir, portant chaperon à ses despens, tel comme dessus est
dict.

Item, s'il advenoit que, pour cause de mortalité ou aultre
occasion, le service de ladicte Charité feust si grevable ou de
telle paine que iceulx serviteurs ne la puissent bonnement
endurer ou supporter, ilz seront apourveus de aide pour les
relever de paine, aulx despens de la dicte Charité, par le conseil

de douze prodommes des plus sciens et notables frères d'icelle Charité, appelés à ce lesdictz prevost et esquevin et serviteurs.

Comment nulz prebstres ne peuvent entreprendre à faire les services fors ceulx qui sont ordonnés par la Charité.

Item, aucun prestre ou chapelain, fors ceulx qui sont ordonnés comme dict est, ne pourra de fait entreprendre à celebrer les messes ou faire aucun service de ladicte Charité contre la volonté et consentement du prevost et esquevin et serviteurs dessus dictz.

Comment les frères serviteurs se doivent seoir au dimence à la table de la recepte.

Item, quatre ou six d'iceulx serviteurs seront tenus à eulx soier, chascun jour du dimence, à son tour, à la table de la recepte de icelle Charité, par l'espace d'une heure après ladicte messe, pour recepvoir les debtes de ladicte Charité de les frères et seurs qui de nouvel y vouldront entrer.

Le drap à mettre sur les trespassés.

Item, en icelle Charité aura un drap à une croix blanche qui sera mys sur le corps des trespassés tout comme l'en fera leur service.

Comment l'en peult porter et raporter par les paroisses de la banlieue les ornemens de la Charité sans empesche avoir.

Item, pourront les officiers ou serviteurs d'icelle Charité porter et raporter à ornemens, luminaire, croix, campenelles et aultres biens d'icelle Charité, pour les services dessus dictz, quant mestier sera, par toutes les paroisses et eglises de la ville et banlieue de Maneval, sans ce que pour cette occasion les curés ou aucuns pour eulx puissent clamer aucun droit sur aucunes d'icelles choses.

Comment les frères doibvent aller par la ville cueillir les debtes.

Item, seront tenus les dessus dictz serviteurs de aller deux ou troys foys l'année à val les rues de ladicte ville, et ailleurs se mestier est, pour chasser les debtes et redevances de ladicte Charité.

Ces statuts, précédés et suivis d'une mention latine portant leur approbation par Guillaume d'Estouteville, évêque de Lisieux, étant en son château de Courtonne, le 10 septembre 1407, sont la copie à peu près textuelle de ceux de la Charité de N.-D. de la Couture de Bernay, rédigés en 1398, et que le même évêque avait complétés et approuvés en 1406 ; or, ces derniers statuts renferment notamment les articles suivants, qui ne se rencontrent point dans ceux de Menneval :

FRÈRES PÉLERINS. — « XXXVIII. Item, se aucun frère ou sueur de ladicte Carité va oultre mer, ou à Saint Jacque, de son propre, il le doit faire assavoir à l'esquevin ou prevost le dimenche au devant de son partement, doivent faire chanter une messe basse en la parroiche dudit pelerin ; et se il a esté ou est esquevin ou prevost, ou serviteur, elle doit estre à dyacre et à soubz dyacre ; et se plus ils etoient, sy n'en auroient il que une messe. Et le doivent iceulx frères convoier autant comme le curé de ladicte paroiche et non plus. Et si doit avoir le tiers du tour de la Carité de la sepmaine, plus ou moins, au regard et conscience desdits serviteurs ; se plus estoient, ils n'en auroient ils plus. Et se il va pour gaigner, il n'aura ne messe ne argent.

« XXXIX. Item, se il va à Saint Gire de son propre, il aura dix soubz tourn. à la volenté et regart comme dessus ; et se plus sont, ilz n'en auront plus...

FRÈRE EXCOMMUNIÉ. — « XLI. Item, se aucon frère ou seur va de vie à trespassement, et il soit en sentence d'escommeniement, pour tant que il ait fait son devoir à ladicte Carité, icelle Carité luy doit aidier à le faire absouldre, jusques à la somme de dix soubz tourn. et non plus, pour tant qu'il y puisse estre absouz. Et s'il n'a de quoy estre ensevely, la Carité luy doit aidier de deux aulnes de toille...

REPAS COMMUN CHEZ L'ÉCHEVIN. — « XLIV. Item, il est ordonné que, à chacunes des deux festes solennelles, c'est assavoir de la Trinité et de l'Assomption Notre Dame, l'esquevin, le prevost, les douze frères, les prestres, le clerc et crieur doivent boire et mangier ensemble en l'ostel de l'esquevin, et doit paier chascun son escot de sa bourse et ù u sien propre, excepté les prestres, clerc et crieur, qui doivent prendre leur escot sur ladicte Carité, sauf que chascun prestre paiera pour son escot deux soubz six deniers tourn.

PRÉDICATEUR. — « L. Item, à chacune des dictes deux festes de Nostre-Dame et de la Trinité, aura un predicateur qui exposera les bienfaits et ordonnances d'icelle Carité et la parole divine, aux despens de ladicte Carité.

CHAPEL DE ROSES. — « LII. Item, chacun desdis frères serviteurs auront, à chascunes des festes de la Trinité et du Saint Sacrement, chascun un chappel de roses, ou d'aultres choses, aux despens de ladicte Carité. ».

III

STATUTS DE LA CHARITÉ D'ÉVREUX (1421)

La ville d'Evreux ne comptait qu'une seule confrérie de charité, établie en l'église de l'Hôtel-Dieu. Les statuts originaux de cette confrérie, approuvés par le vicaire général de Paul Capranica, évêque d'Evreux, le 9 novembre 1421, furent transcrits à la même époque, avec la mention d'approbation, sur un registre petit in-folio en parchemin, composé de 26 feuillets, dans lequel vinrent successivement s'ajouter les additions et modifications qu'apportèrent plus tard aux statuts des donations conditionnelles et des délibérations intérieures. Cet intéressant document, épargné par un relieur intelligent, entre les mains duquel il était arrivé malheureusement déjà mutilé, fut acquis par M. Chassant qui le donna aux archives de l'Eure. Il porte aujourd'hui la cote G, 1611.

Les textes publiés ci-dessous comprennent le premier feuillet, et les feuillets huit à vingt-deux,

Universis presentes litteras inspecturis vicarius generalis in spiritualibus reverendi in Christo patris et domini domini Pauli miseracione divina Ebroicensis episcopi, a suis civictate et diocesi ebroicensi noctoriè nunc absentis salutem in domino sempiternam pro parte dilectorum nobis in Christo filiorum dominorum Guillermi Benoist, prioris domus Dei Ebroicensis, Johanni de Valle, promotorum Ebroicensium, Guillermi des Perroys, Radulphi le Sesne, presbyterorum, Colardi Auquetin, vicecomitis Ebroicensis, Laurentii Quesnel, Durandi Hellebout, Guillermi Lemelle, Johannis Monachi, Guillermi Roussel, Arnulphi Lespringuet, Johannis Lespicier, Johannis Lebouchier, Benedicti Andrieu, Guillermi Lebourrelier, Vincentii Desquetot, Radulphi Lancelin, Allani Legoux, Thome Espringuet, Rogerii Rosselin et Michaelis de Lengle, Ebroicen comorantibus, humiliter fuit nobis supplicatum. Quum ipsi specialiter et non nulli alii de eadem villa pia devotione moti ad laudem Dei et gloriose virginis Marie tociusque curie supernorum ac divinum (sic) cultus augmentum et salutem animarum, quamdam confratuam seu caritatem in domo Dei Ebroicensi in honore Presentacionis beate Marie virginis de bonis a Deo super terram sibi collatis. Affectent et proponant favente Altissimo creare, fundare, et de novo ordinare modo et forma contentis in statutis et constitucionibus super hoc factis et desclaratis. Quatenus licenciam et auctoritatem dictam confratuam creandi, fundandi et ordinandi, eisdem concedere, dicta quœdam statuta, constituciones et ordinationes hujus modi modo et forma quibus infra scribuntur laudare et approbare nostra ordinatione dignaremus. Quorum quidem statutorum constitucionum et ordinacionum tenor sequitur et est talis.

Cy ensuit les estatus et ordonnances de la confrarie et Charité de nouvel créé et ordonnée et establie en l'eglize de l'ostel Dieu d'Evreux, du consentement de Messire Guillaume Benoist, prieur de la Maison-Dieu d'Evreux, Messire Jehan du Val, promoteur dudict lieu d'Evreux, Messire Guillaume des Perrois autrement dit Fournel, et Messire Raoul le Sesne, prestres, Colart Anquetin, vicon'te dudict lieu d'Evreux, Laurint Quesnel, Durant.....

(Manquent les feuillets 2 à 7. Par ce qui suit, on peut croire qu'ils contenaient des articles analogues à ceux qui figurent dans les statuts de la Charité de la Couture de Bernay.)

Item, quatre ou six d'iceulx serviteurs seront tenus chacun à son tour d'eulx seoir chacun jour de dimenche à la table de la recete d'icelle Charité, par l'espasse de une heure après ladicte messe, pour recevoir des deibtes d'icelle, et les nouveaux frères et seurs qui s'y vouldront rendre et entrer. Et doivent ceux qui si rendent et entrent requerir benignement à y estre receuz en foy et serment de augmenter et croystre icelle Charité à leur povoir et de y servir à leur tour se requis en sont et ilz ont la puissance.

Item, en icelle Charité aura un drap noir à une croix blanche qui sera mise sur les corps des trespassés tant comme l'en fera leur service.

Item, pourront iceulx officiers et serviteurs porter rapporter aournemens, lumenaire, croix, clochete, banière et autres biens d'icelle Charité pour faire les services quant mestier en sera, par toutes les parroisses de la ville et banlieux d'Evreux, sans ce que pour cette cause ou autre occasion les curés ou autres puissent clamer ni demander aucun droit sur d'aucune d'icelles choses.

Item, seront tenus les dessus diz officiers et serviteurs d'icelle d'aller deux ou troys foys l'an par les rues et aval la ville et fors bours dudit lieu d'Evreux et ailleurs se mestier est, pour pourchasser les deibtes et redevances de ladicte Charité.

Nos igitur vicarius memoratus notum facimus quibus visis ac

mature consideratis supra scriptis statutis consuetudinibus et
ordinationibus, firmiter sperantes tanto efficatius gratum
Altissimo prestare obsequium, quanto fervencius Christi fideles
incitaverimus ad opera caritatis, per que penas possint evitare
gehannales et gaudia eterna promereri ; quæque illa que sunt
ad laudem et honorem Domini nostri Jesu Christi et gloriose
virginis Marie ejus matris ectiamque cultus divini augmentum
et salutem animarum conspicimus ; utique approbatione sunt
digna, supplicatione predictorum superius nominatorum, non-
nullorumque aliorum tamquam racionabiliter et juriconsone
benigniter animentes constituciones et ordinationes predictas
pront superius scripte sunt. Tamquam laudabiles ac aproba-
biles et a fide catholica seu canonicis institucionibus non decli-
nantes, in quantum possumus et debemus, auctoritate nostra
ordinaria landamus, approbamus et tenore presencium con-
firmamus decernentes ipsas et earum quælibet a fratribus et
sororibus dicte confratrie presentibus et futuris teneri firmiter et inviolabiliter perpetuis temporibus conservari ac roboris
habere firmitatem uno cujuslibet salvo.

Omnibus enim vere penitentibus et confessis, qui ad susten-
tacionem dicte confratrie manus suas prorexerint adjutrices et
dictam caritatem devoti intraverint et eidem ornamentis, loca-
libus et missis ac aliis benefactis subvenerint, et qui eumdem
dominum episcopum et nos orationibus suis commendaverint,
triginta dies de inimicitiis sibi penitentibus, auctoritate domini
episcopi qua fungimur in hac parte, misericorditer in Domino
relaxamus.

In cujus rei testimonium, sigillum magnum curie Ebroicensis una cum signeto nostro pusillo licteris dicimus apponen-
dum. Actum et datum Ebroicis, anno Domini millesimo qua-
dringentesimo vicesimo primo, die nona mensis novembris.

[**1534**]

SONNERIE AUX INHUMATIONS. TORCHES ALLUMÉES[1]. — (*Ajouté:*)
Il a esté ordonné et establi par Monsʳ l'eschevin et Monsʳ le

_____
[1] Ces titres n'existent pas sur le manuscrit original.

prevost, avec tous les frères servant, que, à leur advis et conscience, et aussi pour esmouvoir le cueur des hommes pour venir servir à la Charité, que dorenavant qu'il yra de vie à decès ung eschevin ou prevost ou des frères servant en ladicte Charité, sera faict le deul des frères d'icelle Charité, et l'heure qui sera baillée par le curé du lieu où sera decedé le dict eschevin, prevost ou frère servant, sera sonnée la cloche d'icelle Charité et sera troys tins par troys foys, et à fin d'iceulx tins, ledict eschevin, prevost, accompaigné desdicts frères partiront du lieu de l'ostel Dieu en la manière accoustumée, parce que il feront tous le deul, et alors du departement ladicte cloche sonnera jusques à ce que ledict corps soit en terre. Et aussi seront allumés les torches au departir dudict lieu où sera ledict corps et bruleront durant le service de ladicte Charité, ainsi qu'il y a longtemps de coustume et ainsi qu'il est dedans l'ordonnance. Ladicte ordonnance et deliberation a esté faicte par l'eschevin pour lors, qui estoit Nicolas Martel, et prevost Jehan le Diacre, et frères servants Jehan de Faultgernon, soubz prevost, Thomas le Cousturier, Jacques Tassot l'aisné, Thomas Duclos, Symon Hanoë, Jehan Chartain, orfèvre, Jehan Delangle, Jacques Cossart, Philippot Pierre, Gauvain le Cauchoys, Jehan Chevallot, Richart Leconte, Jehan de Saincte-Mesme et Louys Chauvet.

AMENDES. — Et où yluy aura aulcuns desdits frères, eschevin ou prevost defaillans, pairont chacun defaillant x d., mais y pourront envoyer pour eulx une personne, pourveu qu'il soit de ladicte Charité, qui les acquiteront, et si faillent à servir comme il appartient, ceulx pour qui y feront payeront l'amende pour eulx, qui est la manière accoustumée. Faict et accordé par lesdicts frères le trois° jour de may mil cinq cens trente et quatre.

(Ajouté :) Il est attendu que ladicte cloche sonnera autant pour les frères qui auront servi comme pour les servants et pour le clerc de ladite Charité.

[1541]

« Établissement de la messe de Recordare[1]. » — (*Ajouté :*)
Item, les eschevin, prevost et frères de ladicte Charité ont deliberé et acordé que, pour l'advenir, sera chanté et celebré une
haulte messe de *Recordare* à diacre et soubz diacre et choraulx, le premier mardi de chacun des moys de l'an, à l'heure
de sept heures. Et devant que de commencer ladicte messe
sera faicte une procession à l'entour de l'eglise de l'ostel Dieu,
à laquelle procession et messe seront subjectz assister les
eschevin, prevost et frères servans, tenans chacun en la main
une chandelle de cire ou bougie ardente, sur peine de 13 s.
8 deniers[2] pour les deffaillans à ladicte procession et messe,
et de v d. pour chacune faulte qui y sera commise. Et à la fin
de ladicte messe sera chanté ung *Libera* devant le crucifix. Le
tout à l'intention des bienfaicteurs de ladicte Charité, tant
vivans que trespassez. Et aura le chappelain qui dira la dicte
messe la somme de iiij s., au prieur xij d., aux aultres chappelains qui y assisteront à chacun x d , au porte croix x d.,
aux petis clers chacun vj d., au clerc de ladite Charité xx d.,
à la subjection de sonner et preparer les ornemens. Ce fut faict
le vᵉ jour d'avril mil vᶜᶜ xlj.

Compte. — (*Ajouté :*) Et après le *Libera*, ung chacun des
frères montera à la salle pour ouyr et entendre le compte tant
de la recepte et mise qui aura esté faicte pour le moys.

Banquet. — (*Ajouté :*) Et pour tenir en union et saincte
amitié et congregation lesdicts eschevin, prevostz, anticques
et frères s'assembleront, s'ils voyent que bon soit, en une de
leurs maisons pour prendre leur reffection honneste et sans
superfluité, et ne pourront exceder à leur convive du banquet
que de troys escus, et moings si les vivres n'estoient chers.

---

[1] Nous mettons entre guillemets les titres-manchettes existant sur le
manuscrit original, qu'ils soient ou non contemporains de la rédaction.
[2] Les chiffres ont été plus tard surchargés.

3

[1563]

MESSE DE REQUIEM. — *(Ajouté :)* Pour à l'advenir donner zelle d'affection et bonne devotion à l'entretenement de ladicte Charité, affin que tousjours soit de bien en mieulx continuée, a esté en conseil des eschevin, prevost et frères, par augmentation, deliberer que, à l'advenir, pour le salut des biensfaicteurs et frères de ladicte Charité, tant vivantz que trespassez, il sera dict, chanté et celebré une messe solempnelle de *Requiem*, à diacre, soubz diacre et choraulx, chacun vendredi des Quatre Temps de l'an, à l'heure convenable, durant laquelle messe sonnera à plain vol la cloche de ladicte Charité et jusques à la fin; à laquelle messe assisteront les eschevin, prevost et frères servans à ladicte Charité, sur peine de amende, jouxte et de l'ordre de la messe de *Recordare*.

MESSE DES CINQ PLAIES. — Une foys l'an, le jour du vendredi de la Passion, au sainct temps de Caresme, il sera dict, chanté et celebré une messe solempnelle des Cinq Playes, à diacre, soubz diacre et choraulx, à heure convenable, jouxte et de l'ordre de ladicte messe de *Requiem* dicte et celebré es dictz jours de vendredi desdictz Quatre Temps de l'an, à laquelle messe assisteront par semblable lesdictz eschevin, prevost et frères servans à ladicte Charité, sur peine d'amende.

MESSE DE SAINT-SÉBASTIEN. — Pour semblable, une foys l'an, le jour et feste Monsr saint Sebastien, qui est le xxe jour de janvier, sera dict une messe solempnelle du jour, à heure convenable, à laquelle par semblable assisteront lesdictz eschevin, prevost et frères, sur peine d'amende.

VIGILE DE L'ANNONCIATION. — La vigille de l'Anuntiation Nostre Dame, l'ung des sièges de ladicte Charité, après les vespres, sera chanté le respondz de *Gaude Maria*, les vers ensuivantz, la prose de *Inviolata*, et durant ledict respondz de *Gaude Maria* [devront] lesdictz eschevin, prevost et tous les frères tenir chacun une torche ardente en la main, estans à genoux, pour par après faire le convoy de l'eschevin.

Après dire, tant desdictes messes des Quatre Temps, jour du vendredi de la Passion, S' Sebastien, que de *Gaude Maria*, devant le crucifix chanter ung *Libera*, ainsy comme es dictes messes de *Recordare*.

Ladicte deliberation faicte, accordée et ordonnée en la salle de ladicte Charité, le dimanche xij° jour de decembre mil cinq centz soixante et troys, suyvant l'advis de Jacques Lecharpentier, appotiquaire, eschevin de ladicte Charité, Guillaume Delangle, prevost, Jacques Haze, Robert Gallant, Jehan Hanoue, Pierre Duvaucel le jeune, Hiltevert Foucher, Robert Guibelet, Estienne Monton, Jacques Duval, Symon Flament, Jehan Hersent, Michel Richard, Robert Fontenay, Pierre Rotrou, appotiquaire, et Jehan Picquot, tous frères servans à ladicte Charité.

[1564]

SONNERIE DU PARDON. — (*Ajouté:*) Ont par semblable, lesditz eschevin, prevost et frères, ordonné que ung chacun jour de la sepmaine, à jamais, sera, à l'heure de xij heures, sonney le pardon de la cloche de la Charité, comme l'on a de tout temps acoustumé sonner à telle heure en l'eglise chatbedral Nostre Dame d'Evreux. Et sera faict et acomply par Nicolas Morant, clerc de ladicte Charité, lequel de se faire et accomplir en a prins et prent la charge, presence desditz eschevin, prevost et frères, au salaire de xx s. tournois par chacun quartier, qui est somme de soixante soulz tournois chacun an. Laquelle charge a promis faire tant qu'il sera au service d'icelle Charité et qu'il plaira à Dieu luy donner grâce de vivre, et après son decez par son successeur. Faict en la salle de ladicte Charité le jeudi ij° jour de novembre v°° lxiiij.

[1565]

INHUMATION DES FEMMES DES FRÈRES. — (*Ajouté:*) A Mons' l'eschevin, prevost et frères de la Charité d'Evreux. Sur la

remonstrance à nous faicte par plusieurs eschevins et frères
anticques de la Charité d'Evreux qu'il seroit propre, expedien
et charitable à l'advenir faire garder et observer par les frères
d'icelle pour les femmes des eschevins, prevost et frères,
tant de ceulx qui par cydevant auroient servy, servans,
que à servir, oultre et davantaige que les aultres femmes ;
actendu que, pendant et constant le service par eulx faict à
la dicte Charité, chacun en leur estat, ilz se seroient trouvez
congregez et assemblez aux maisons l'un de l'aultre, jouxte
qu'il est acoustumé, ès maisons desquels leurs dictes femmes
se seroient efforcez de jour en jour et de plus en plus effor-
cent à bien et honorablement recepvoir lesdictz frères.

A ces causes, supplient iceulx anticques à vous, Monsieur
l'eschevin Duval, Mons' le prevost Labiche et à tous les frères
à present servans à ladicte Charité que, au bas des ordonnances d'icelle, la presente requeste soit anexée, et à ceste fin
qu'il vous plaise que, aux femmes desditz eschevins, prevost et
frères, actendu la reception par eulx faicte pendant leur temps
ausditz frères, que, au decez d'icelles, chacun d'iceulx partira
soubz la cloche de ladite Charité, auquel lieu le plus jeune
frère servant prendra le drap de velourz d'icelle, et partiront
tous ensemblement pour aller au lieu où elles decederont, ce
faict poseront le drap sur le corps et le porteront à l'eglise où
de leur vivant estoient residens, et y estans seront tous les ditz
frères subgectz en general assister dedans le cœur de ladicte
esglise aux vigiles entières, première messe et mesmes à l'in-
umation du corps d'icelles, en cas qu'elles decedassent du
matin ; et où il adviendroit qu'elles decedassent de relevée, en
ce cas seront iceulx frères subgectz assister au convoy, vigilles
et inhumation d'icelles et le lendemain au service, le tout de-
dens le cœur de ladicte eglise, sur peine de dix deniers
d'amende.

« Seurvisse ou messe de Requiem pour chaque frère et
sœur. » — Requerans oultre, iceulx anticques, que à l'intention et memoire d'icelles femmes, pour les bons et agreables
services que les frères marys d'icelles pourroient avoir faict
pendant et constant le debvoir du service de ladicte Charité,
soit d'eschevin, prevost ou frère, qu'il vous plaise, le dymenche

suyvant de leur inhumation, à l'hostel Dieu, issue de vostre
grand messe matinalle, faire dire, chanter et celebrer par vos
genz d'eglise une grande messe de *Requiem*, à diacre et soubz
diacre, et à l'issue d'icelle ung *Libera* sur une bière qui sera
mise à la dicte eglise, à laquelle assisteront tous les dictz
frères, sur peine de dix deniers d'amende.

Ce consideré, en l'advis de monsieur le provost Labiche,
Guillaume Delangle, à present eschevin moderne d'icelle Charité, Estienne Monton, greffier d'icelle, Jehan Hersent, Michel
Richard, Robert Fontenay, Pierre Rotrou, appotiquaire, Jehan
Picot, Jehan Galland, Gilles Cousturier, Jehan Duclos, Jacques
Dyonis, Jacques Gendreau, Jehan Vavasseur et Jehan Labiche,
tous frères à present servans, en intherinant la remonstrance à
nous faicte, il a esté ordonné que le contenu en icelle sera
enregistrée au bas des ordonnances de la dicte Charité, et
commandement faict à tous les frères servans et à servir faire
garder et observer le contenu, sur peine de l'amende predicte.

Faict et arresté à la salle de la Charité d'Evreux le dimenche
viij° jour de janvier mil cinq centz soixante cinq.

[1567.]

« ETABLISSEMENT DES 2 PROCESSIONS DE S¹ MARTIN. » —
(*Ajouté :*) Pour l'advenir et donner zelle d'affection et bonne
devotion à l'entretenement de la Charité, affin que tousjours
soit de bien en mieulx continuée et entretenue, par le conseil
et advis des eschevin, prevost et frères de la dicte Charité et
par augmentation, à l'honneur de Dieu, de la Vierge Marie et
de monsieur sainct Martin, ont deliberé que, par chacun an,
sera faict deux processions à la chappelle de monsieur sainct
Martin, parroisse de Sainct-Acquilin, aux deux festes dudict
sainct, c'est assavoir la première procession le quatreiesme jour
de juillet et la seconde procession le xj° jour de novembre
ensuyvant; en laquelle chappelle sera chanté et celebré une
messe sollennelle du jour de ladicte feste, à diacre, soubz
diacre et choraux, chacune des dictes festes, pour tous les biens-

faicteurs de ladicte Charité, tant vivans que trespassez. La première procession, qui se fera le iiij° jour de juillet, partira à l'heure de six heures, et l'aultre, le xj° jour de novembre, partira à l'heure de sept heures, et au partir de l'ostel Dieu sera chanté par les gens d'eglise l'antienne de *Exurge Domine* et aultres antiennes et respons, tant pour aller à ladicte chappelle que du retour à l'ostel Dieu, auquel lieu sera chanté ung *Libera* au lieu acoustumé, avec *De profundis* et les oraisons acoustumez. Et seront payez les gens d'eglise, porte-croix, petis clers et le clerc de ladicte Charité de la somme qui sera trouvée au contrerolle de ladicte Charité.

Esquelles processions, messes et *Libera* seront subjectz lesdictz eschevin, prevost et frères servans, sur peine d'amende, jouxte l'ordre de la messe de *Recordare*. A la subjection de l'eschevin de faire faire la recommandace desdictes processions et messes les dymenches precedens desdictes festes. Et les frères lesquelz auront en garde les joyaulx de ladicte Charité seront subjectz de porter lesdictz joyaulx pour servir esdictes messes, sur peine de l'amende. Et le clerc de ladicte Charité subject de porter les ornemens de veloux, avec deux torches, pour servir esdictes messes; aussi faire sonner à carrillon les vigilles desdictes festes et le jour du matin, au partir pour aller esdictes procession et au retour d'icelles, pour esmouvoir les cueurs des gens de bien à faire prières et oraisons.

Ladicte deliberation faicte, acordée et ordonnée en la salle de la Charité, le dymenche penultième jour de juing mil cinq cents soixante sept, suyvant l'advis de Pierre Labiche, eschevin, Jehan Picot, prevost, Jacques Duval, eschevin moderne, Estienne Monton, greffier, Jehan Gallant, Gilles le Cousturier, Jehan Duclos, Jacques Dyonis, Jacques Gendreau, Jehan Levavasseur, Jehan Labiche, Eustace Labiche, Marin Cherel, Pierre Rotrou l'aisné, Nicolas Fromont, Jehan Roussel, Symon de Fourquettes et Jacques Cossart, tous frères servans à ladicte Charité, lesquels ont requis que ledict accord fust escript et enregistré avec les ordonnances de ladicte Charité.

DISCOURS D'UN ÉCHEVIN EN 1691. — *(Ajouté :)* Les grâces rendues par monsieur l'eschevin en charge pour l'année m vj° lxxxxj, au moys de novembre, à mess^{rs} les anticques, prevost et frères congregées et assemblées en general en la salle de la ville pour eslire ung eschevin et prevost, le dimenche d'après la feste de monsieur sainct Martin d'hyver, suivant l'ordonnance, bonne et louable coustume de la Charité. —

— Messieurs mes frères icy congregées assemblées en general, de tout temps en ce jour est faict eslection d'ung eschevin et prevost pour gouverner la Charité, comme elle a esté regie et gouvernée par messieurs les anticques. Je fus, l'an passé, en ce mesme jour, esleu eschevin d'icelle confrarie, et en celà feustes plustost incitez par ung desir et affection amyable qu'avyez envers moy que par vertus ou merites qui me rendissent suffisant et ydoine à une si grande charge. Plusieurs d'entre vous ont passé vertueusement exerceant le dit office et tous en general par vostre prudence pouvez juger que servir ung commun est difficille. Sachant bien toutesfoys que mon insuffisance est grande et ma vertu petite, au nom de Nostre Seigneur je vous supplie humblement me pardonner les faultes qui me peuvent estre advenues, ne faisant tel debvoir qui est requis. Au reste, je vous rendz grâces tant humbles que je puis, m'avez estimé suffisant a telle charge ; et que par l'ordonnance à la depposition et demission d'ung eschevin et prevost, et que à ceste fin nous sommes icy assemblez, je vous supplie eslire quelques vertueux personnages de ceste tant et venerable compagnie qui prudemment gouverneront ladicte Charité Par ainsy la majesté de Dieu en sera louée, son Eglise servye, ladicte Charité bien ediffiée et nostre compagnie honorée.

(Ecriture de 1541 :)

: « LE SERMENT DE M^r L'ESCHEVIN. » — *La forme et manière de recepvoir un eschevin, après l'election faicte.* — L'eschevin qui par cy devant a esté pour l'année, devant les vespres du

samedi vigille de la Presentation de la Vierge Marie, on yra
querir pour le convoyer de sa maison à l'eglise pour assister
ausd (*sic*) vespres à son lieu ordinaire jusques à ce que l'on
chante *Magnificat*, et quant à l'endroict ou l'on chante *Depo-
suit*, il se partira de sa place pour prendre la croix et se age-
nouilera devant le grand aultel, faisant son oraison jouxte sa
devotion, puis mectre la croix sur ledict aultel. Et advocquer et
appeller l'eslu eschevin, prevost et aultres frères servans et
non aultres, en mectant la main sur la croix et dire telles
paroles :

— Puys qu'il a pleu à Dieu le createur vous faire la grâce
de vous avoir appellé par election à l'office d'eschevin, prenez
vous pas l'election agreable ?

— Vous jurez vostre foy et le serment que avez faict à la
Charité de justement et loyaulment exercer et vous gouverner
audict office et estat l'espace d'un an ou plus sy métier est.

— Vous jurez, par le serment que avez faict, que vous obser-
verez, garderez, ferez tenir et entretenir par le prevost et
frères servans les status et ordonnances d'icelle Charité, toutes
les fondations, messes, obitz, processions et subfrages, de
poinct en poinct, sans quelque diminussion.

— Aussi vous jurez de laisser vos propres affaires pour le
faict d'icelle, faire payer les rentes et aultres deniers deubz, et
advancer, si mestier est, pour les affaires de ladicte Charité.

— Vous promectez n'abandonner ladicte Charité, ny les
frères, pour quelque maladye qu'il puisse advenir, soit peste
ou aultre maladye contagieuse.

— Vous promectez ne porter nulle faveur à nul des frères,
plus au grand que au moindre, mais les tenir en paix et amityé,
leur rendant toute justice.

— Aussi promectez rendre bon et loyal compte des deniers
et administration de ladicte Charité quant mestier et requis en
serez.

« SERMENT DE MONSIEUR LE PREVOST. » — Ce faict, par semblable, fera faire le serment au prevost que les ordonnances
il aydera à son eschevin affin d'estre observez et gardez et le
profit de ladicte Charité comme son propre ; aussi faire au

vray controlle bien et deuement de toute la recepte et mise qui sera faicte pendant qu'il sera audict office.

Puys ledict eschevin nouveau prendra la croix et fera sa devotion et oraison devant le grand aultel, et par ledict eschevin antique luy sera presenté le chapperon, le baisant et disant telles parolles :

— En signe d'humilité, je vous baise par charité ; — puys le [fera] placer en son lieu. Et par consequent en faire et dire aultant au prevost et aux aultres frères, selon leurs ayniesses.

Puys, le tout faict, ledict eschevin nouveau partira de sa place et posera ledict antique en sa place, au lieu le plus bas.

« LE SERMENT D'UN FRÈRE. » — *Le serment que doit faire ung frère quant il se presente pour faire le service de la Charité.*

— Frère, vous vous presentez icy pour faire le service de la Charité.

— Estes-vous poinct en sentence d'excommunication ? — (*Ajouté* : Non.)

— Vous jurez et faictes serment que bien et deuement vous servirez et ferez le service de la Charité le temps et espace de deux ans, ou plus si mestier est. — (*Ajouté* : Oui.)

— Aussi que, à la semonce qui vous sera faicte ou au son de la cloche, vous viendrez pour faire iceluy service. — (*Ajouté* : Oui.)

— Que vous delaisserez vos propres affaires pour faire service à la Charité.

Le serment qui se doit faire en la salle par ledict frère.

Monsieur le prevost luy fera mettre la main sur la croix, en luy disant ses (*sic*) parolles :

— Frère, vous jurez que vous porterez honneur et obeissance à vostre eschevin, prevost et frères aysnez ;

— Que vous payerez les amendes en quoy vous serez taxé par vos faultes et deffaultes ;

— Que tout ce qui sera faict et dit en la salle et assemblée ne sera par vous dit ne reveley à personne.

Ce qu'il convient dire en la prison, avant que distribuer l'omosne aulx criminelx.

— Messrs, vous aurez memoire et recordation de feue damoiselle Georgette Le Gras ; laquelle de son vivant a delaissé à chacun prisonnier criminel detenu es prisons de ceste ville d'Evreux, à chacun pinte de vin, pour iiij d. de pain et pour iiij d. de viande, par chacun vendredi des Quatre Temps de l'an et aulx quatre festes solennelles, c'est asçavoir à Pâques, Penthecouste, Toussainctz et Noël (*Ajouté :* et jeudi absolut). Après que vous aurez prins vostre reffection, il vous plaira prier Dieu pour l'âme de ladicte damoiselle, et nous prirons Dieu qu'il luy plaise vous donner bonne et briefve delivrance. Amen.

Ce qui convient dire à un pauvre criminel que l'on maine au supplice de la mort. (Ajouté : en luy presentant le pain et le vin benist.)

— Mon amy, vous aurez memoire et recordation de defuncte noble damoyselle Georgette Le Gras, laquelle de son vivant a delaissé à chacun criminel que on maine executer par justice pain et vin benist. Il vous plaira en prendre. Et après en avoir prins, vous prirez Dieu pour l'âme de ladicte defuncte, et nous prirons Dieu qui luy plaise avoir la vostre et vous donner patience.

Le serment qui convient faire faire à celuy qui se veult mectre en ladicte Charité.

— Vous jurez sur la remembrance de Jesus Christ que bien et deuement vous payerez vos deniers de terme en terme ou d'an en an.

— Vous jurez par semblable cil (*sic*) y avoit quelque deffaulte et frères et vous estes requis de y venir vous y viendrez pour faire le service comme vous voyez que nous faisons de present.

« AMENDES. » — Fault entendre qu'il y a plusieurs sortes d'amendes selon les cas et faultes qu'on puist commectre estant au service de la Charité.

Premièrement, l'eschevin, prevost ou frère aysné tenant le lieu de l'eschevin a puissance de condampner un frère servant à l'amende ordinaire, qui est la somme de xix s. xj d. t., pour quelques faultes que on pourroit avoir commises.

Et la faulte peult estre de telle importance que ledict defaillant pourroit estre condempné à ladicte amende ordinaire envers chacun frère.

La moindre faulte commise faisant le service de ladicte Charité est taxée à v d.

(*Ajouté :*) Et ne se pourront porter pour appellans par devant messieurs les eschevins anticques, au desoubz de sept solz six deniers tz, pour une foys seullement.

(*Ajouté :*) Et au cas qu'il y auroit diffigulté (*sic*) ou refus par ledit frère taxé de paier ladite somme de vij s. vi d., pour uune foys seullement, pourra ledit eschevin, sans diffigulté, fere executer ledit deffaillant et ces (*sic*) biens par le sergent de la compaignie, lesquelz biens seront vendus dedans la salle de ladite Charité.

(*Escriture de* 1541 :)

Les offices des eschevins, prevostz et frères servantz :

Pour l'entrée de l'eschevin	xviij d.
Pour l'entrée du prevost.	xviij d.
Pour placer mons' l'antique	xviij d.
Pour avoir officié à l'Evangille de matines. . .	xviij d.
Pour avoir escript au livre	xviij d.
Pour avoir donné l'heure d'un corps.	xviij d.
Pour avoir donné les mereaulx comme eschevin. .	xviij d.
Pour avoir faict le pain benist.	xviij d.
Pour avoir officié à un corps	xviij d.
Pour avoir officié à l'hynumation.	xviij d.
Pour avoir demandé l'heure du service. . .	xviij d.
Pour avoir tenu salle comme eschevin	xviij d.
Pour avoir receu un frère	xviij d.
Pour avoir prins le serment d'un frère qui se faict mectre à la Charité.	xviij d.
Pour officier le jour de la feste à l'Evangille, . .	xviij d.
Pour distribuer l'argent aux gens d'eglise . . .	xviij d.
Pour avoir donné l'omosne aux malades de lèpre, jouxte la fondation de Georgette le Gras	xviij d.
Pour avoir dit l'oraison aux prisonniers	xviij d.

Pour avoir presenté le pain et vin aulx criminelz que
l'on maine executer. . . . . xviij d.

Pour avoir faict faire le serment à un frère en la salle
comme prevost . . . . xviij d,

Pour officier aulx torches au service d'ung eschevin ou
frères qui auront faict le service en ladicte Charité . . xviij d.

Pour faire faire le serment au sergent . . . . . xviij d.

Pour faire le serment de depositaire. . . . . . xviij d.

Pour l'entrée de greffier . . . . xviij d.

Et pour la sortie de chacune office . . . . . . xviij d.

(*Ajouté :*) Et toutes les offices desdits frères servantz ne surpas-
seront au plus que de la somme de trente solz chacun

[1578]

INHUMATION DES ECHEVINS ET ANTIQUES. — (*Ajouté :*) Pour
l'advenir et donner zelle d'affection et bonne devotion à l'entretenement de la Charité, affin que tousjours soibt de bien
en mieulx continuée et entretenue par les eschevins qui cy
après seront en icelle, et en accordant plusieurs prières et
requestes faictes et presentez par plusieurs anticques, tendant
à ce qu'il pleust à la compagnie faire et accorder que, pour
l'advenir, la basse messe qui est accoustumée estre dicte aulx
inhumations des eschevins et anticques fust convertye et dicte
haulte, attendu qu'elle ne est de plus grand coust que la basse
messe. Ce consideré, la salle tenant par Jehan Lorée, appotiquaire, eschevin en icelle, et après avoyr eu les advis et oppi-
nions de Geuffray Lepelletyer, anticque, Francoys Guilleboult,
Jehan Lebroc, Jehan Dugat, Jehan Cocherel, Crespin Petit,
Christophle Monvoysin, Jaspar Lepescheur, Jehan Damytte,
Jacques Delengle, Claude Graffin, Jacques Cherel, Jehan
Chedeville et Nicolas Guerin, tous frères servans en ladicte
Charité, en intherinant les remonstrances et requestes des
dictz anticques, et du voulloyr et consentement de toute la
compagnie, il a esté ordonné que, pour l'advenir, la basse
messe que l'on a acoustumé de dire aulx inhumations des

eschevins et anticques sera dicte et celebrée haulte; à
laquelle seront subgetz de assister les eschevin, prevost et
frères, tout et ainsy que l'on a acoustumé de assister à la première, sur paine de l'amende accoustumée. Faict et arresté en
la salle, le mardy quatriesme jour de novembre mil cinq
centz soixante et dix-huict.

« LE SERMENT DU FRÈRE SERGENT. » — *Le serment que
doibt faire ung sergent.* — Luy fault faire mectre la main sur la
croix et luy faire dire telles paroles :

— Frater, vous jurez sur la remembrance de Jesus Christ
que bien et loyalement vous exercerez et ferez l'estat et office
de sergent par l'espace de deux moys, ou plus sy besoing est ;
que toutes les faultes et deffaultes qui seront faictes, vous les
rapporterez.

— Vous jurez aussy que ne supporterez vostre eschevin,
prevost ni frères aisnez, non plus les ungz que les aultres.

— Dieu vous en donne la grâce.

« LE SERMENT DU FRÈRE DEPOSITAIRE. » — *Le serment du
deppositère.*

— Vous jurez que vous ferez bien et loyalement l'office de
deppositère par l'espasse de deux moys, ou plus sy mestier
est ; que tout ce qui vous sera commandé de deposer par vostre
eschevin, prevost et frères aisnez, vous le depposerez.

— Vous jurez aussy de ne lesser vos frères en necessité de
tout vostre pouvoyr.

— Dieu vous en donne la grâce.

[1579]

HABILLEMENTS. — (*Ajouté :*) Item et dudepuys, en accordant
la requeste faicte par les anticques et frères servans, en
une partye de ce que aulcuns portent abis de couleur ou pas-
semens de couleur sur iceulx, contre les status et ordonnances
de la Charité et reigles faictes et maintenues par les anticques. Ce consideré, la salle tenant par Jehan Lebroc, eschevin

à présent, Jehan Damytte, prevost, Jehan Lorée, appotiquaire, eschevin moderne, Geuffray Lepelletyer, anticque,
Jehan Dugat, Jehan Cocherel, Crespin Petit, Christophle Monvoysin, Jaspar Lepescheur, Jacques Delengle, Claude Graffin,
Jacques Cherel, Jehan Chedeville, Nicolas Guerin, Pierre
Osmont, Guillaume Deschamps, Pierres Cossart et Pierres Dou-
cerain, tous frères servans en ladicte Charité, tant pour eulx
que leurs successeurs advenir, et par leurs advis, voulloyr et
consentement, a esté ordonné que les frères servans pour et à
l'advenir, en toutes les assemblées et congregations, tant pour
les affaires de la Charité que aultres qui se font par le commandement de ung eschevin, prevost ou frère aisney, tant
aulx maisons les ungs des aultres ou par la rue que alieurs, se
comporteront et ne porteront aulcune couleur soibt en habist
ou passement que l'on puisse voir, non plus que l'on porte à
l'hinumation d'ung corps, et se (sic) sur paine de l'amende ordi-
nere accordée par les dessusdictz au premier qui contreviendra
à la presente ordonnance. Faict et arresté en la salle de ladicte
Charité, le mardy troyziesme jour de febvrier, jour de *Recordare*, mil cinq centz soixante et dix-neuf.

(Ajouté :)

*Ensuit ce qu'il convient estre de rechef dict en la prison
avant que de distribuer l'aumosne faicte aux criminelz, suyvant
la fondation faicte par defunct honneste personne Guillaume
Dagommer et Pernelle Grossejambe, sa femme, après l'oraison
faicte pour deffuncte Georgette Le Gras, aux jours de Pasques,
Pentecouste, Toussainctz et Nouel. Par Monsieur l'eschevin ou
son represené.*

— Mes amis, vous estes obligez de prier pour les fondateurs
et fondatrices de la Charité d'Evreux [1].

— Mes amys, il y a d'abondant defunct honneste personne
Guillaume Dagoumer, par cydevant eschevin de ceste Charité, et sa femme, lesquelz, aiant compassion de vostre misère
et captivité, vous ont delaissé à ce bon jour, pour vous tous, la
somme de cinq solz, à condition que, à la fin de vostre disner,

[1] Phrase ajoutée au xvii° siècle.

à leur intention que pour leurs amys trespassèz, vous chanterez *Salve Regina*, avecq l'oraison, et à la fin *De profundis*, *Pater noster* et *Ave Maria*. Et nous, de nostre part, nous prirons Dieu qui luy plaise vous delivrer de la captivité en laquelle vous estes detenus,

Plus, fault entendre qu'il convient partyr de ladicte prison, chacun en son rang et degrey, et de là venir, par dedans l'hostel Dieu, droict à l'ospital de ce lieu, et là distribuer l'aumosne delaissée aux paouvres qui se trouverront là, par ledict defunct Dagoumer et sa dicte femme, ausdictz jours de Pasques, Pentecouste, Toussaintz et Noel, et dire ce qui ensuyt par le sieur eschevin ou son representé.

— Mes amys, nous sommes venus en ce lieu pour vous visiter en vostre paouvreté et vous consoler en icelle, vous advertissant que defunct Guillaume Dagommer, cydevant eschevin de cette Charité, et Pernelle Grossejambe, sa femme, lesquels, pour estre associez à vos prières, vous ont delaissé et aumosné en ce bon jour, pour vous tous, la somme de cinq solz, et au gardian douze deniers, à condition que, en la fin de vostre repas, à leur intention que pour leurs amys trepassez, vous chanterez en ce lieu *Salve Regina*, avec l'oraison, et à la fin *De profundys*, *Pater noster* et *Ave Maria*, et ceulx qui ne pourront chanter dyront leur *Pater noster* et *Ave Maria*. Et nous, de nostre part, nous prirons Dieu qui luy plaise vous delivrer de la paouvreté à laquelle vous estes.

Plus, fault que ledict eschevin paie au prebstre qui dyra la basse messe qui se dit après le sermon des troys festes de la Charité, xii d., à la charge que ledict prebstre se doibt retourner vers le peuple y assistans à son offertoire et luy dire ung *Libera* et *De profundys* à l'intention dudict Dagommer et ses amys trespassez, ainsy qu'il est contenu plus au plein en sa fondation.

Ensuict ce qu'il convient estre de rechef dict en la prison, avant que distribuer l'aumosne aux criminelz, de la fondation faicte par deffunct Senson Boscroger et Marie Dagommer, sa femme, après l'oraison faicte pour deffunte damoiselle Georgette Le Gras, aux quatre vendredys des Quatre Temps de l'an et jeudi absolut, par Monsieur l'eschevin ou aultre representant sa place.

— Mes amys, il y a d'abondant deffunct honneste personne Sanson Boscroger, par cy devant frère de ceste Charité, et Marye Dagoumer, sa femme, lesquelz, aiant compassion de vostre misère et captivité, vous ont delaissé à ce jour la somme de quatre solz, à condition que, à la fin de vostre disner, à leur intention, vous chanterez l'himne de *Ave maris stella*, avec l'oraison, et à la fin *De profundys*, *Pater noster* et *Ave Maria*, et nous prirons Dieu de nostre part qu'il luy plaize vous delivrer de la captivité en laquelle vous estes detenuz.

Plus, fault entendre qu'il convient partyr de ladicte prison, chacun en son reng, et de là venir par dedans l'hostel Dieu, droict à l'hospital de ce lieu, et là distribuer l'aumosne delaissée aux paouvres qui se trouveront là par lesdictz deffunctz Boscroger, ausdictz jours des Quatre Temps de l'an et jeudi absolut, et dyre ce qui ensuyt par le dict sieur eschevin.

— Mes amys, nous sommes venus en ce lieu pour vous visiter en vostre paouvretté et vous consoller en icelle, vous advertissans que deffunct Sanson Boscroger, cy devant frère de ceste Charité, et Marye Dagommer, sa femme, lesquelz, pour estre associez à vos prières, vous ont delaissé et omosné à ce jour, pour vous tous, la somme de quatre solz, et au gardian xii d., à condition que à leur intention et à fin de vostre repas vous chanterez *Ave maris stella*, avec l'oraison, et à la fin *De profundis*, *Pater noster* et *Ave maria*, et ceulx qui ne pourront chanter diront leur *Pater noster* et *Ave maria*. Et nous, de nostre part, nous prirons Dieu qu'il luy plaize vous delivrer de la pauvretté en laquelle vous estes.

(Ajouté :)

— Mes amys, il y a d'abondant honneste personne Mathurin Le Cousturier, cy devant eschevin de ceste Charité; lequel, aiant compassion de vostre missère et captivité, vous a delaissé à chachunne des quatre bonnes festes solennelles de l'ennée la somme de iii s., à condission que vous prierez Dieu pour luy et pour les ames de ses parends et amys deffuncts et trepassés. Et nous, de nostre part, nous prirons Dieu qui luy plaisse vous delisvrer de la captivité en laquelle vous estes detenus.

(Ajouté au XVIIe siècle :)

Ce qu'il convient dire en la Conciergerie roialle le premier jour de l'an.

— Mes amys, vous aurez memoire et recordation de feu honneste personne Gaspar [1] Le Pescheur, par cy devant eschevin; lequel de son vivant a delaisé, au premier jour de l'an, à chacun prisonnier criminel detenus es prisons royalles de ceste ville d'Evreux, à chacun une pinte de vin et pour vj d. de pain et pour xij d. de viende, et après que vous aurez prins la dicte aumosne et à la fin de vostre repas, vous prirez Dieu pour l'âme dudict deffunct et de sez amis vivans et trepassés. Et nous, de nostre part, nous prirons Dieu qu'il luy plaize vous donner bonne et briefve delivrance. Amen.

IV

STATUTS DE LA CHARITÉ DE L'ÉGLISE NOTRE-DAME
DE LOUVIERS (1450)

M. Bonnin a publié, dans son *Cartulaire de Louviers* [2], les statuts de la confrérie de charité de Louviers, fondée en l'église Notre-Dame et approuvée par Guillaume de Floques, évêque d'Evreux, le 7 juin 1450. Ces statuts méritent d'être cités parmi les plus complets que nous connaissions. Les fondateurs ont tout prévu : enfants

---

[1] On avait écrit primitivement *Jaspar*.
[2] *Documents*, t. II, 2e partie, p. 257-262.

4

désireux d'être inscrits comme confrères, femmes en couches n'ayant « de quoy estre gésinées », frères emprisonnés pour dettes ou excommuniés, frères infirmes, malades ou lépreux, frères partant en pèlerinage ou allant demeurer hors de Louviers, frères mourant en voyage, frères ordonnés prêtres, frères en désaccord, etc., etc.

Cependant M. Veuclin insère dans son recueil de notes un texte des mêmes statuts qui n'est pas entièrement conforme à celui publié par M. Bonnin. On n'y trouve plus, par exemple, les stipulations relatives aux enfants, aux accouchées, aux frères emprisonnés ou lépreux, tandis que l'article auquel nous avons donné pour titre : « Prières pour les femmes décédées », apparaît pour la première fois. L'article « Office pour les morts » est beaucoup plus développé dans la publication de M. Bonnin.

Nous croyons que les statuts donnés par M. Veuclin et que nous publions ci-après constituent le règlement original de la confrérie, tel qu'il fut approuvé en 1450 par l'évêque d'Evreux, et que la copie, exécutée par M. Bréauté, dont s'est servi M. Bonnin est la copie d'une nouvelle rédaction des statuts de la Charité de Louviers entreprise au xvi siècle sans doute, et dans laquelle on a fait entrer bon nombre d'articles nouveaux, en modifiant les anciens.

Le problème est d'autant moins facile à résoudre que le registre des statuts de la Charité de Louviers, naguère déposé entre les mains de l'échevin, est disparu depuis plusieurs années. C'était un cahier en parchemin, in-quarto, revêtu d'une reliure moderne, qui contenait, particularité importante à noter, deux exemplaires des statuts. M. Le Mercier, avocat à Louviers, qui a communiqué à M. Veuclin le texte que nous publions, estime que ce texte, formant le premier exemplaire des statuts, écrit en caractères gothiques et orné d'assez grossières miniatures et de quelques initiales fleuronnées, était celui du règlement original de 1450, tandis que le second exemplaire des statuts, plein d'incorrections, ne devait pas remonter au delà de 1742, date de la première des approbations modernes qui se trouvaient à la suite.

En effet, les statuts furent réapprouvés successivement, le 30 novembre 1742 par M⁰ʳ de Rochechouart, le 9 mai 1754 par M⁰ʳ Dillon, le 26 mars 1762 par M⁰ʳ de Croy-Marnesia, le 4 juin 1781 par M⁰ʳ de Narbonne, et le 22 vendémiaire an VIII par l'évêque constitutionnel Robert Lamy. Enfin, le 21 décembre 1810, M⁰ʳ Bourlier révoqua et abrogea tout ce qui, dans ces mêmes statuts, n'était pas conforme au règlement général des Charités par lui promulgué le 30 floréal an XII (20 mai 1804).

Ce sont les statuts et ordonnances de la Charité fondée en l'eglise Nostre Dame de Louviers, en l'honneur de la très glorieuse Nativité Nostre Seigneur Jesus-Christ et de l'Assomption de sa benoiste et digne mère la vierge Marie par ordre de Dieu, en la forme qui ensuit. Par la permission et autorité de Reverend Père en Dieu messire Guillaume, par la misericorde divine evesque d'Evreux, lequel, pour augmenter et accroistre les biens d'icelle Charité, a donné à tous vrais confesse et repentans qui se rendront en icelle Charité et, pour soustenir et maintenir ladicte Charité, y donneront de leurs biens, quarante jours de vray pardon, comme il appert par l'original de la bulle donné audict lieu d'Evreux le 7ᵉ jour de juin MCCCCL, de laquelle bulle les articles s'ensuivent.

PERSONNEL. SERMENT. — Premièrement, il est ordonné et estably que, pour bien gouverner icelle Charité, seront establis prevost et eschevin, avec douze frères servans, selon la faculté d'icelle, et y sera receu toutte personne, pourveu qu'elle puisse gaigner sa vie sans mandier, qu'elle puisse payer ses chevages deuement, comme il appartient. Et quiconque se rendra frère d'icelle, il fera serment à Dieu, ès mains du curé ou chapelain de cette esglise ou de ladite confrérie, en presence du prevost ou eschevin, ou de deux des frères servants d'icelle, que bien et loyallement maintiendra ladicte Charité en ses bonnes coustumes tant qu'il vivra. — Chaque frère servant pour entrée payera sa devotion au prouffit d'icelle Charité, comme ceux et celles qui y entreront.

COTISATION. — Item, il est ordonné que chacun frère ou seur de ladicte confrerie payera chaque sepmaine un denier tournois, pour soustenir les frais et charges de ladicte confre-rie.

OFFICES POUR LES MORTS. — Item, se dira pour tous les frères et les seurs d'icelle Charité, le huitième octobre, après les vespres paroichiales, les vespres des morts, et le lendemain, jour et feste de St Denys, trois hautes messes à diacre et soub-diacre et chappiers, comme il est porté dans le livre des fondations.

DEUX ASSEMBLÉES. SERMONS. — Item, pour estre et comparer au divin service de cette dicte Charité, seront etablis deux sièges, l'un à la Nativité de Nostre Seigneur, et l'autre à l'Assomption de Nostre Dame, auxquelles festes et aux autres festes de la Vierge Marie seront dictes vespres la veille, et une messe solennelle à diacre et à soubs-diacre les jours d'icelles festes, à l'heure competente, sans empescher comme dessus le service parochial. Et partiront les prebstres, prevost et es-chevin et frères servants à iceux deux sièges principaux de l'hostel de l'eschevin, pour aller aux vespres et à la messe sem-lablement, où ils assisteront et donneront lesdicts prevost, eschevin et frères à l'offrande de chascun un denier au

— 54 —

moins, et aux autres messes à leur devotion et de leur propre, le tout au prouffit du curé du lieu. Et les dimanches qui precedent ces deux sièges seront faits deux sermons solennels, si on peut trouver homme pour le faire, où seront tenus estre iceux prevost, eschevins et frères servans, pour ouyr declarer par le predicateur la fondation d'icelle Charité, et aussi pour amonester les autres frères et seurs de payer les dettes qu'ils y doivent comme ils y sont subjets, et seront lesdits sermons faits aux despens de ladicte Charité.

ÉLECTIONS. ALIÉNATIONS ET ACQUISITIONS. — Item, en cette ditte confrerie sera faicte election des dits prevost et eschevins et frères servans une fois l'an. Et si bon semble aux elisants, ils pourront continuer iceux tant que bon leur semblera. Laquelle election sera faicte en la fin de la messe du mois en decembre prochant precedente de la Nativité de Nostre Seigneur, en faisant laquelle bruleront deux torches jusques à la fin d'icelle election, où seront subjets comparer les dits prevost, eschevin, avec les douze frères servants et clerc de ladicte confrerie, qui semondra iceux frères à eslire le nouvel eschevin. Et le dimanche d'après la dicte Nativité sera faict le premier siege, auquel les dits prevost, eschevin porteront les frères sortants moitié par moitié, lesquels seront subjets à leur obeir en tous cas raisonnables et d'y servir deux ans ou plus, s'il en est besoin. — Et ne pourront les dits prevost et eschevin rien vendre ou acheter pour ladicte confrerie, si ce n'est par le consentement des XII frères ou de quatre des plus notables d'iceux frères servants.

BOITE ET TRÉSOR. — Item, à ladite confrerie y aura une boette fermant à deux clefs, lesquelles garderont deux frères. Et l'eschevin gardera ladite boette et tout le thresor de cette presente Charité, lequel luy sera livré par inventaire.

COLLECTE. — Item, il est ordonné que le secretaire de la ditte confrerie ira tous les samedis par les maisons querir les deniers des frères pour l'entretien d'icelle confrerie, avec un des frères servants.

CHAPERONS. — Item, le dit prevost, eschevin et tous les

frères servants auront chaperon de livrée, aux despens de laditte Charité, et seront tenus de le porter toutes fois qu'ils serviront au service d'icelle, sur peine de deux sols d'amende.

COMMUNION. PRIÈRES POUR LES FEMMES DÉCÉDÉES. — Item, le
prevost, eschevin et tous les frères servants recevront leur
Createur le jour de la Nativité et de Nostre Dame d'Aoust, et
si ils y sont disposés, en signe de fraternité, en la messe solennelle d'icelle.

Et pour les femmes desdits frères sortants ou qui ont sorty,
sera ditte un vigille de trois *Egos* seulement devant le corps
de ladite defuncte, et seront lesdits prevost, eschevin et frères
sortants tenus assister aux dittes vigilles et messe avec le clerc
d'icelle Charité, qui sera subjet leur annoncer leur devoir. Et
iront lesdits frères à l'offrande de leur propre. Et seront tenus
couvrir ledit frère ou seur trepassé jusques au rez de la terre.
et puis faire le convoy jusque à la maison du trepassé, ainsi
qu'il est accoustumé.

LINCEUL. — Item, si aucun frère ou seur n'a de quoy être
ensevely, on luy trouvera linge aux despens de ladicte Charité.

FRÈRE MORT EN VOYAGE. — Item, si aucun frère ou seur
meurt en lointain voyage, on fera son service en ladite eglise
ou autres de la ville, au plaisir des amis, comme si le corps
dudict frère estoit present.

FRÈRE QUITTANT LE PAYS. — Item, si aucun frère ou seur va
demeurer hors de Louviers, il sera tenu prendre congé du prevost, eschevin et frères servants et payer tous les arrerages,
avec cinq sols pour issue, ou plus à son plaisir. Et s'il part
sans prendre congé, il sera tenu payer tous les arrerages du
temps qu'il aura esté dehors.

PROCESSION DU SAINT-SACREMENT. CHAPEAU DE FLEURS. —
Item, le prevost, eschevin et frères servants, tant de la paroisse
Nostre-Dame, Sainct-Jehan, Sainct-Germain, qu'autres pa-
roisses, seront tenus aller en procession après le corps de
Nostre Seigneur Jesus Christ, le jour du Sainct Sacrement et
des octaves, avec chacun un chapeau de fleurs sur la teste [en]

congnoissance et signe de fraternité, et chascun un cierge ou torche ardente en sa main, pour honorer le très digne et precieux corps de Jesus Christ.

AMENDE AUX DÉFAILLANTS. — Item, le prevost, eschevin ou frères servants defaillent es choses susdittes à faire le service deüement, ainsi qu'il est ordonné, et s'ils n'ont excuse raisonnable, ils sont tenus payer amende pour chaque faute ; c'est asçavoir le prevost et eschevin chacun huit deniers, et lesdits frères servants chacun quatre deniers.

MESSE POUR LES MALADES. — Item, si aucun frère est en infirmité de maladie, l'on dira une messe pour son estat et santé recouvrer, s'il le requiert.

CONCILIATION. — Item, si aucuns frères ou seurs ont haine l'un contre l'autre, les dessus dits prevost, eschevin et frères servants, en leur pouvoir, fraternellement les mettront d'accord, sans prendre aucune connoissance de cause appartenante ou qui fût pendante devant monsieur l'Official d'Evreux ou autre juge competent.

LAVEMENT DES PIEDS A DOUZE PAUVRES. — Item, il est ordonné que le Jeudy Sainct douze pauvres auront les pieds lavez par le prevost, eschevin et frères servants, et auront chacun cinq deniers et un pain et choppine de brevage, selon leur faculté, le tout aux despens de la ditte Charité.

INVENTAIRE DES BIENS DE LA CHARITÉ. LECTURE DES STATUTS. — Item, il est ordonné que, de tous les biens d'icelle Charité, il sera fait un inventaire d'an en an, lesquels seront baillés à garder à l'eschevin, qui les recevra par inventaire, le lendemain du siège premier de la ditte année, et le jour que le dernier eschevin rendra son compte : auxquels deux sièges seront leus ces presents statuts publicquement, afin que chascun sache à quoy il sera tenu.

PROCURATION AU PREVÔT ET A L'ÉCHEVIN. — Item, il est ordonné que lesdits prevost et eschevin deüement establis, ayant procuration des autres servants, passée devant monsieur l'Official ou autre juge d'Eglise, pourront pourchasser et faire venir tous les arrerages, debtes et biens de cette Charité, par la vertu de ce present statut.

V

STATUTS DE LA CHARITÉ DE L'ÉGLISE SAINT-GERVAIS
DE FALAISE (1471)

In nomine Domini.....
Anno Domini millesimo quadragentesimo sexagesimo unde-
cimo mensis vero junii die vicesima octova.

Johannes Le Valloys...

Robertus Michaere...

parrochiani ecclesiæ Sancti Gervasi...

Primo, icelle charité et confrarie sera à tousjours maintenue
en ladicte eglise de Saint Gervais ét Prothais dudict lieu de
Falaise, et y seront celebrées certaines messes et fait certain service, en l'honneur de Dieu et d'iceulx benoist saints saint Jacque
et saint Christofle, comme cy après est contenu et desclaré.

SERMENT. — Et est ordonné que tous ceulx et celles qui
vouldront en icelle Charité et confrairie entrer juereront à
leur entrée et reception, es mains des eschevins et prevost
d'icelle, ou de l'un de eulx, les statuts et ordonnances d'icelle
Charité observer et garder tant qu'ils vivront.

COTISATION. — Item, et par chascune sepmaine lõme (sic)
et la femme mariée, frère et seur d'icelle Charité et confrarie,
paieront audit eschevin et prevost, pour la cause dessus, ung
denier tournoys. Et la personne non mariée paiera semblablement par chascune sepmaine ung denier tournoy.

TABLE DE LA CHARITÉ A L'ÉGLISE. — Item, et en icelle Charité et confrairie, aux jours des dimanches, aura une table en
ladite eglise, en laquelle seront lesdits eschevin et prevost ou
l'un d'eux, pour recevoir les deniers des frères et seurs d'icelle
Charité et confrairie, et sur cette table seront les jouyaulx de
ladicte confrarie, se aucun y en a.

COLLECTE. — Item, et en icelle aura ung clerc qui sera tenu
cuillir et recepvoir par la sepmaine les deniers qui ne seroient

paiés audit jour desdits frères et seurs et les amendes des deffaillans cy après desclarées, et les apporter auxdit eschevin et prevost ; desquelles deniers et amendes dessusdits, lesdits eschevin ou prevost seront tenus faire registre et en rendre compte chascun an, au chapitre desdites Charité et confrairie, auxdits frères et seurs ou à leurs commis ou deputés.

SERVICE ET PERSONNEL. — Item, serviront par chascun an les frères d'icelle Charité et confrarie, chascun en son tour, jusque au nombre de douze, habiles et suffisans ad ce, qui seront tenus obeir auxdits eschevin et prevost en choses concernant le divin office et le bien et utilité d'icelle, sur paine pour chascun deffault de six deniers tournoys d'amende. Les gens de l'eglise, gens de justice et gens de court dudit service exceptez,.... par paier pour tous leurs debvoirs et pour estre quittes dudict service, c'est assavoir chascun des dessusdictz pour une foys trente solz tournoys. . . . .

. . . .

. . . .

MESSE MENSUELLE DE LA CHARITÉ. — Item, pour icelle confrarie sera dicte et celebrée une messe à diacre et sous diacre de ladicte eglise de Saint-Gervais de Falaise à l'autel d'iceulx benoists saint saint Jacques et saint Christofle, le premier jour de chascun moys de l'an, s'il n'est feste solennel ou double au jour de dimanche, ouquel [cas] sera celebré le porschain jour ensuyvant qui ne sera pas feste ne dimanche, et sera icelle messe à la devotion du prebstre, en faisant memoire d'iceulx benoists saints saint Jacques et saint Christofle, et sera celebrée à sept heures du matin en temps d'hyver et à huyt heures en temps d'esté, et y aura deux sierges ardans sur l'autel durant la dicte messe et deulx torches à la levation du precieux corps et sang de nostre saulveur et redempteur Jesus-Christ.

AMENDES. — Item, et en icelle messe seront tenus devottement estre et comparoir les eschevin ou prevost dessus dicts, avecque les douze frères serviteurs de ladicte Charité et confrarie, s'ilz n'ont excusation legitime, sur paine pour chascun deffault de six deniers d'amende pour chascun serviteur, et

lesdicts eschevin et prevost chascun de double amende, venant
au proffit et utilité d'icelle Charité et confrarie.

COMPTE DU CLERC. — Item, et icelle messe dicte et celebrée,
lesdicts eschevin et prevost ou l'un d'eux seront tenus ouir le
compte du clerc d'icelle Charité, tant des deniers dessus dictz
que des amendes des deffaillans, lequel clerc les rendra
lors…, et seront tenus lesdictz deffaillans paier icelles amendes
le dymanche prouchain ensuyvant, sur paine de quatre
deniers tournoys d'amende venant au prouffit d'icelle Charité
et confrarie, comme dict est, pour faire et continuer le divin
service en icelle.

MESSE BASSE QUOTIDIENNE. — Item, se la faculté d'icelle
Charité et confrarie le peuvent (sic) porter, sera dicte et
celebrée chascun jour de la sepmaine, en ladicte eglise, une
basse messe à la devotion du celebrant, en faisant memoire
d'iceulx benoists et glorieux amys de Dieu saint Jacques et
saint Christofle, à telle heure conme les eschevin ou prevost
adviseront estre raisonnable, sans freindre toutes fois du curé
de ladicte eglise ne d'aultre personne, mais le droyt dudict
curé et de chascun sauf et reservé en toutes choses. En
laquelle basse messe seront tousjours presents les serviteurs
dessusdictz, chascun en son tour, jusques au nombre de deulx,
s'ilz n'ont excusation raisonnable, et y aura deulx sierges
ardans durant icelle messe et une torche à l'elevation du
precieux corps et sang de nostre sçaveur et rédempteur
Jesus Crist.

CONVOI DES LÉPREUX ET DES PÈLERINS. — Item, s'il advenoit
que aucun ou aucune des frères ou seurs de ladicte Charité et
confrairie soit malade de lèpre ou….. en aulcun des peleri-
nages de Rome… ou Saint-Jacques, lesdictz chappellains
frères de ladicte Charité qui auront à dire les messes et
auditeurs d'icelles, et les eschevin, prevost et serviteurs
dessus dictz seront tenus les convoier, c'est assavoir les malades
à la maladerie et les pelerins jusques hors les fauxbourgs de
ladicte ville de Falaise ; et iront iceulx chappellains revestus
de leurs sourpeliz et auront la croie, l'eaue benoiste et la
bannière et les clochetes de ladicte Charité sonnant, ainsi

qu'il est accoustumé en tel cas, sur paine les huict frères de six deniers d'amende et [les] eschevin et prevost et chappellains de double amende, à appliquer au proufict de ladicte Charité, s'ilz n'ont excusation legitime, comme dessus est dict.

Item et audict partement des dicts malades et pelerins, ilz auront messe... à leur devotion, aux despens de ladicte Charité; et le convoy fait, seront tenus lesdictz chappellains dire l'Evangille de Monseigneur saint Johan *In principio erat Verbum* et les *ensuits* (?) à leur devotion. Et auront lesdictz malades... en necessité, des deniers de ladicte Charité et confrarie, dix solz tournoys chascun, et seront tenus quittes de paier doresnavant le denier par sepmaine, et neantmoins seront participans à tousjours des prières et oraisons de ladicte Charité et confrarie.

Conciliation. — Item, se aucun desdicts frères et seurs de ladicte Charité et confrarie sont [en procez avec] aucun d'eulx, à l'occasion d'icelle ou aultrement, lesdictz eschevin ou prevost les reduiront, s'ils peuvent, à bon amour..., et la partie contredisante sera tenue paier une livre de cire d'amende au proufict et utilité de ladicte Charité, sans freindre toute foys de juridiction ecclesiastique ou seculière.

Libéralités testamentaires. — Item, pour ce que charité ne peult souffrir aucune ingratitude, est ordonné que chascun frère ou seur de ladicte Charité et confrarie, par la page de son testament ou autrement à la fin de ses jours, pour supporter les charges de ladicte Charité et confrarie et... du temps passé amendé, en perpetuel memoire, y fera aucun don ou lees de ses biens à sa devotion.

Enterrement des frères. — Item, que à la note du trespas desdictz frères et seurs, lesdictz eschevin et prevost de ladicte Charité seront [tenus faire] crier les patenostres... ès rues et carfours de ladicte ville, et seront dittes vigilles et la messe à note et dyacre et soubs diacre pour frère ou seur trespassé, et y aura quatre torches ardans environ le corps et deulx sierges sur l'autel et fera convoi... lesdictz eschevin et prevost, le clerc et les autres frères et seurs de la dicte Charité et confrairie, s'ilz n'ont empeschement legitime, jusques au lieu de sa sepulture, avecques la croix, la banière, l'eaue benoiste et les clochettes de ladicte Charité sonnant, se ladicte sepulture n'est hors de ladicte ville ou seulement, et sur paine d'amende comme dessus est dict.

Item, et s'il advenoit que aulcun desdictz frères ou seurs de ladicte Charité n'allasse hors de ladicte ville de Falaise et fauxbourgs. . . . .
. . . .
. . . .

AUMONES. — Item, et après le service et convoy de l'un des frères ou seurs trespassez... sera donné aux pauvres, aux despens de ladicte Charité et confrarie, par omosne aux pauvres, en argent à la valeur de treize deniers tournoys..., pourveu toutesfois que, comme dessus est dict, ledict frère ou seur trespassé ayt tousjours fait loyaulxment le debvoir d'icelle Charité et confrarie.

DOTS AUX FILLES PAUVRES. — Item, se aulcun desdicts frères ou seurs de ladicte Charité ont filles à marier et, n'ayant de quoy, le puissent faire, les [prevost ou eschevin] sur ce deubment informez, leur seront tenus donner, des biens de ladicte Charité et confrarie, selon la necessité desdictes filles et selon la faculté de ladicte Charité et confrarie.

VISITE ET AUMONE AUX FRÈRES MALADES. — Item, les dictz prevost et eschevin ou l'un d'eulx... les frères et seurs de la dicte Charité malades... par deulx ou plusieurs des dictz serviteurs d'icelle, et leur sera administré des biens d'icelle Charité pour subvenir à leur necessité charitablement, ainsi que...

SERMON — Item, pour mouvoir les bonnes creatures à devotion, les dictz eschevin ou prevost feront faire, par chacun an, le jour de la feste d'iceulx benoists glorieux saints saint Jacques et saint Christofle, en l'onneur de Dieu,... ung sermon... en la dicte eglise, du congé toutefois et licence de reverend père en Dieu monseigneur l'evesque de Sées ou ses vicaires, et du curé de la dicte église...

POUR SE RENDRE A L'EGLISE. CHAPEL DE FLEURS. — Item, à la vigille de la dicte feste, le clerc de la dicte Charité sera tenu faire sçavoir aux douze serviteurs d'icelle qu'ilz viennent en l'ostel du dict eschevin et prevost prendre chacun une verge blanche et un chappel de fleurs pour... honnestement à la dicte eglise,... sur paine de douze deniers tournois d'amende pour chacun deffaillant, à appliquer au prouffit de la dicte Charité, s'ils n'ont legitime excusation.

Fête de la Charité. — Item, les dictz eschevin et prevost, la vigille de la dicte feste, seront tenus par les rues et carfours [advertir] que les dictz frères et sœurs viennent assister au service d'iceulx benoists glorieux saints, et le jour de la feste sera ditte la messe à diacre et soubs diacre..., et y seront tenus estre tous les frères et seurs d'icelle Charité, s'ils n'ont excusation raisonnable, sur paine de l'amende dessus dicte, à appliquer à la dicte Charité; et yront les frères et seurs à l'offrande chacun à sa devotion, laquelle offrande demourra au curé de la dicte église, ainsi comme raison est...

Elections. — Item, les vespres du jour de la dicte feste dittes, ou lendemain, assembleront les dictz eschevin, prevost, frères et serviteurs, pour ouyr les comptes des dictz eschevin et prevost, et pour eslire nouveaulx eschevin et prevost, serviteurs et clerc, se mestier est...

Comptes du prevost et de l'éschevin. — Item, et seront tenus les dictz eschevin et prevost rendre leur compte aux dictz frères ou seurs comis et deputés, sur paine de cinq sols tournois d'amende pour chacun deffault...

Item, quant les eschevin et prevost, serviteurs et aultres frères assembleront pour ouir les comptes de la dicte Charité ou pour aultre cause touchant le fait d'icelle, ils ne pourront prendre aucuns des deniers ne aultre bien d'icelle Charité pour faire des   ... s'il n'y a cause raisonnable et dont ils sont tenus rendre aux dictz frères bon et loyal compte.

(Copie du xv⁰ siècle, sur une grande peau de parchemin. Ecriture très pâlie et d'une lecture difficile. Fragments enlevés. *Archives de l'Orne*, série G.)

VI

La Charité de Chennebrun ne possède pas le texte intégral de ses statuts origiraux. Du cahier en parchemin dans lequel ils furent transcrits à la fin du xvᵉ siècle ou au commencement du xviᵉ, il ne subsiste que six feuillets, aujourd'hui conservés aux Archives de l'Orne. Le premier feuillet, comprenant les deux premières pages, manque, et aussi la fin du registre. Nous ne pourrions donc pas indiquer d'une façon exacte la date de la fondation de cette Charité, si l'éditeur du présent travail n'avait trouvé dans le registre des statuts de la Charité de Notre-Dame de Verneuil une note d'un curé de Morvilliers[1] ainsi conçue : « La Charité de Chesnebrun a esté érigée en l'an mil quatre cents quatre-vingts et treize, treize ans après celle de Notre-Dame et cinq ans après celle de Saint-Jean [de Verneuil][2], ce qui a esté veu à Morvillé par le sieur curé le vingt-huitième de may 1669, qui a signé le présent le dimanche 12ᵉ jour d'octobre mil six cents soixante et dix (signé) Ph. Bessin. » Cette attestation, à laquelle la Charité de Notre-Dame de Verneuil attachait sans doute une grande importance, fut renouvelée en 1696 par l'un des successeurs du curé de Morvilliers, Marin Chemin.

[1] Canton de la Ferté-Vidame, arrond. de Dreux (Eure-et-Loir).

[2] C'est par erreur que, dans l'avertissement, nous avons donné les dates de 1488 et de 1493 comme celles de l'érection des deux Charités de Notre-Dame et de Saint-Jean-de-Verneuil. Les dates véritables sont pour la première 1480, et pour la seconde 1488.

(Manque le premier feuillet.)

CONVOI DE L'ÉCHEVIN. — . . . .
pesant chacun cierge troys livres de cire, dignement partiront
de la maison dudit eschevin, par ordre que on faict en procession, et s'en iront le plus honorablement à l'eglise que faire se
pourra, et diront vespres le plus solennellement que faire se
pourra, et vespres dittes rameneront ledit eschevin en sa
maison, tenant l'ordre honneste que dessus.

Item, sont lesdits frères le dimanche, tant à la messe qu'à
vespres, tel convoy que dessus, en tel ordre.

PREVOST SORTANT. — Item, l'oraison des secondes vespres
dictes, le prevost qui se despart du service de laditte Charitté
prendra la croix de dessus l'autel et ce mettra à deulx genoulx
bien devottement et dira sa devotion, et puys la baisera et la
mettra dessus un parement devant l'autel, et ce faict ce ira
seoir en la place où estoit assis le premier des frères nouveaulx,
et menera lesdits frères nommés auprès des frères qui sont dela-
chrer [1] pour servir l'an advenir, au lieu unferieur d'iceulx, au
bas et banc du costé du prevost de laditte Charitté, et aussy
devant autres, par ordre comme ils sont ordonnés et scituez par
le vouloir et deliberation des frères anticques, et ce tiendront
jusques après vespres.

Item, après que iceulx six frères se departiront auront tous
baisé la croix, l'eschevin par semblable viendra prendre la
croix et la baisera, après la mettra sur l'autel.

ELECTION DE L'ÉCHEVIN. — Item, celà faict, sera procedé à
l'election du nouveau frère eschevin en la manière qui ensuit.
Premièrement le clerc prononcera intelligemment que ung
chacun des assistants cy mette en devotion pour invoquer la
grâce du Saint-Esprit, à ceste fin qu'il plaise à Dieu donner
sa grâce aux frères de la Charitté qu'ilz puissent eslire ung
bon et vray eschevin pour bien conduire le faict et entretenement de ladicte Charitté, puys après ledit clerc ou un autre
desdits chappellains commencera *Veny Creator Spiritus*, etc.,

[1] Il faut lire : déclarés.

et lequel finy, verset et oraison, le vieil eschevin et vieil prevost appelleront le clerc, lesquelz se departiront en quelque lieu segret et appelleront les autres frères vieulx chacun à parçoy et les jureront que bien et deubment esliront par la voye du Saint-Esprit ledit eschevin et que faveur ny brigue ne les fera varier, et sera escript par ledit clerc l'eslection de chacun ; laquelle eslection ne doibt jamais estre publiée pour tant qu'il en pourrait provenir aucune haigne, et s'il advenoit que les voix fussent esgalles doibvent estre communicquez les anciens esche vins pour y mettre ordre.

SERMENT DU NOUVEL ÉCHEVIN. CHAPEAUX DE FLEURS. — Item, l'eslection faicte, le clerc de laditte Charitté viendra prendre par la main l'eschevin esleu de nouveau et le menera au grand autel, le presentera audit prevost et eschevin, et ce faict, le vieil eschevin tenant la croix en sa main luy faira [serment] que bien et deubment gouvernera laditte Charité et exercera l'office de eschevin et l'aumentera à son pouvoir. Iceluy serment ainsy faict, luy fera baiser la croix, aussy en signe de fraternité, et puys après luy baillera la possession dudit office de eschevin par la tradition de la boette de laditte Charitté. Et tout cela aconply, les chappellains d'icelle Charitté diront vigilles des trespassez et tous les frères vieulx et nouveaux desposeront durant lesdittes vigilles leurs chappeaux de fleurs ou viollettes. Et tout ce que dessus faict et aconply, le prevost anticque et le nouveau eschevin, portant les deux clefs du livre martologe, incontinent ce partiront avec la croix, ledit livre et boyste, et en yront à la table de laditte Charitté jusques à la fin des conplys pour faire laditte recepte.

CONVOI DU NOUVEL ÉCHEVIN. — Item, vigilles et conplys dittes, lesditz chappellains, revestuz de leurs surplyz et [accompagnez] du crieur, seront tenuz convoyer honnestement ledit eschevin nouveau jusques à sa maison, accompagné desditz frères, tant vieulx que nouveaux, portant aussy, comme dit est, leurs cierges et torches, sauf que les vieulx et lesditz nouveaux pretendront les torches, et auront à boyre à l'entrée de la maison, aux despens dudit nouveau eschevin ; et celà faict, chacun s'en ira où bon leur semblera.

Item, le lendemain, tous lesditz chappellains, frères, clerc et crieur ce comparoistront à l'eglise. dudit Chesnebrun pour faire le service des trespassez comme dit est.

ORDRE DES PROCESSIONS. — Item, les processions qui se feront pour ladittе Charité seront faictes comme ensuit. Le crieur, garny de son chapperon et sa tunicque et clochettes, marchera devant, et puys après le frère serviteur portant la bannière ; concequamment, le clerc qui portera la croix, ayant au costez d'icelle deulx enfantz revestuz de surplys, qui porteront chacun ung cierge ; puys après, l'ung des chappellains, qui portera devant luy le livre historié ouvert, deux enfantz revestuz de surplys aux costez d'iceluy, portant chacun ung cierge ; puys après les frères serviteurs vieulx et nouveaux, tous deulx à deulx, par ordre ; puys les chappellains revestuz de surplys et chappes, aussy chacun en son ordre.

NOUVEL ÉCHEVIN. — Item, ledit eschevin nouveau sera faict de l'un desdictz six frères qui auront servy de nouveau en l'année precedente et non d'autres.

COMMIS. — Item, s'il advenoit qu'il y eut aucun des frères serviteurs qui eust excusation raisonnable, il pourroit commettre personne raisonnable, honneste et suffisante, pour luy faire son office, à son peril et danger, pourveu que le commis soit frère rendu ou qu'il soit en sa maison et famille, et dont il sera respondant.

CONVOCATIONS. — Item, le clerc et crieur seront tenuz semondre, sçavoir : par le clerc les chappellains de ladittе Charitté, par le crieur les frères serviteurs, à comparoir aux assemblées qui ce feront à ladittе Charité. Pour ce faire et autres diligences de leur office, ilz auront gaiges aux despens de ladittе Charitté, ainsy qu'il sera advisé par entre eux et que la chose le pourra porter.

PAIN BÉNIT. — Item, iceulx frères serviteurs seront tenuz de faire le pain benist par ordre, chacun à son tour et ordre, tous les dimanches et festes sollennelles, à leurs despens, chacun pain benist vallant la somme de quinze deniers t. au moings, et commencera toujours le prevost le premier dimanche d'après la feste de la Charitté passée.

5

PRIÈRES POUR LES BIENFAITEURS DE LA CHARITÉ. VISITE ET SECOURS AUX MALADES. — Item, le chappellain qui dira la messe au dimanche ou autre feste de commandement de l'Eglise sera tenu, incontinent après l'offrande, faire prières pour tous les biens faicteurs et bien veillantz d'icelle Charitté, et pour les trespassez fondateurs et aulmantateurs de laditte Charitté ; et ce ainsy est que aulcun frère ou sœur soit malade, de quoy on ayt la connoissance, le clerc sera tenu le faire sçavoir au prebstre bien et devottement ; puys, après la messe ditte et finie, iceulx freres seront tenuz l'aller conforter et visiter, sy bonnement ilz peuvent faire, et des biens de ladiite Charité luy en distribuer s'il en a necessité.

SERMENT DES FRÈRES. — Item, le prevost antieque, devant qu'il parte de son office, [debvra] faire jurer tous les serviteurs chacun, et tant vieulx que nouveaux, que bien et loyallement ils serviront en leur office, en augmentant et gardant le bien d'icelle Charitté, et ne revelleront les..... d'icelle Charitté, mais obeyront au prevost et eschevin et tiendront et auront pour agreable ce que lesditz prevost et eschevin et la plus seine partye des frères ordonneront et feront au proffit, honneur et utilité de laditte Charitté, et nul n'aura desdittes (sic) offices s'il ne est an et jour en ladiite Charitté et deubment accomply les ordonnances d'icelle.

BONNES MŒURS. — Item, le prevost, eschevin et autres frères de ladiite Charitté ne pourront oster de servir de ladiite Charitté le clerc, crieur et chappellains que eux et leurs successeurs (sic) ont euz agreables, synon pour la reproche de leur vye inicqué ; mais aussy s'il advenoit que aulcun d'iceulx chappellains, clerc et crieur fussent de vie dissolue ou qu'ilz ne fissent leur debvoir juste les ordonnances d'icelle Charitté, après la première, seconde et tierce remonstration de ses delitz et qu'il soit obstiné en ses faictz, lors ledit prevost, eschevin et lesditz frères serviteurs le pourront deposer de son office et ung autre poser en sa place.

AIDE EN CAS DE NÉCESSITÉ. — Item, s'il advenoit par mortalité ou autre inconvenient, les prebstres, clerc et crieur et lesditz frères servans d'icelle Charitté fussent tellement foullez et pressez qu'ilz ne puissent bonnement faire le service et office et accomplir les ordonnances, au cas que le prevost et eschevin feroient reffus de leur ayder et subvenir par gens d'Eglise au service ou autres affaires d'icelle Charitté, iceulx et unze frères servans pourront bailler ayde aux despens de laditte Charitté, la chose deubment congnue, sans compeller le prevost et eschevin, de faire celebrer messes à autres prebstres non servans à icelle, aux despens de laditte Charitté.

Les Patenostres. — Item, le crieur sera tenu, tous les dimanches au matin, après la messe de laditte Charitté, sonner ses clochettes au carrefour et crier à haulte voix les patenostres, en nommant le dernier trespassé, et generallement pour tous les trespassez de laditte Charitté.

Fosse funéraire. — Item, le crieur sera subject de faire ou faire faire les fosses des trespassez, sy les amys du trespassé n'y pourvoyent, pourveu que ledit trespassé soit de Chesnebrun ou des parroisses dessus nommez, en ayant salaire raisonnable des heritiers du deffunct s'ilz ont à satisfaire, ou aultrement aux despens de laditte Charitté.

Messe mensuelle pour les trépassés. — Item, il est estably que le derrin jour de chacun moys de l'an seront dittes Vigilles des trespassez, à troys heures attendant quatre après midy ; et le lendemain au matin, qui sera le premier jour du moys, sera dit une messe à notte de *Requiem* pour les âmes des trespassez d'icelle Charitté, ausquelles vigilles et messe seront tenus assister tous les chappellains, frères servans. Le clerc et crieur seront tenuz sonner les clochettes pour vigilles et messe, et les frères servans, chacun à son ordre, premièrement le porte-bannière et osmonier [1], lesquelz sonneront les cloches durant le *Libera* de laditte messe, et les frères servans sonneront les cloches par ordre, comme dit est, durant vigilles. Et s'il advenoit que l'un des frères ou sœurs allast de vie à trespas ledit jour et avant que laditte messe fust ditte, tellement que lesditz chappellains et frères fussent hastez d'aller ensepulturer ledit trespassé, laditte messe ce dira basse qui voudra.

[1] C'est-à-dire celui qui recueillait les *aumônes*.

FRÈRES PÈLERINS. — Item, s'il y a aucun des frères ou sœurs qui aillent en voyage outre mer, comme St Jacques, Jerusalem, lesdits chappellains, frères servans, clerc et crieur seront tenuz le convoyer une lieue avec la croix et bannière, en leur faisant assçavoir au paravant le jour du partement, et leur sera faict celebrer deux messes par l'un des dits chappellains, aux despens de laditte Charitté, et à l'issue de l'eglise luy sera offert des biens de laditte Charitté, s'il en veult prendre, voirre ce qu'il sera advisé par ledit prevost et eschevin et autres frères servans.

FRÈRE EXCOMMUNIÉ. — Item, sy aucun desdits frères ou sœurs est en sentence d'excommunication et qu'il n'aist aucuns biens pour soy faire absoudre, laditte Charitté luy aidera de dix solz.

FRÈRE QUITTANT LE PAYS. — Item, s'il y a aucun frère ou sœur de laditte Charitté [qui] se depart et va demeurer en loingtain pays, tellement qu'il ne peust aucunement payer sa ditte Charitté, ou que de nouveau il se rende en laditte Charitté, il sera quitte en payant presentement trente solz tz., et son trespas venu à la connoissance du prevost et eschevin, il aura tel service faict en laditte église de Chesnebrun comme s'il estoit decedé au pays ; mais s'il advenoit qu'il revint avant sa mort et trespas faire sa residence au pays, il sera tenu payer les sièges et termes de laditte Charitté par luy deubz, sauf toutesfoys laditte somme de trente solz deduitte et rabattue.

COSTUME ORDINAIRE. — Item, seront lesditz frères servans et leurs commis aornés honnestement en habillement, chaussés de soulliers.

VISITE ET SECOURS AUX MALADES ET AUX PRISONNIERS. — Item, s'il y a aucun frère ou sœur de laditte Charitté, lequel ayant payé ses termes et sièges, venoit et tomboit en maladie ou en prison ou autrement, de telle manière qu'il ne peust gaigner sa vye, et il faict asçavoir au prevost et eschevin et frères servans, iceulx seront tenus le visiter selon sa necessité et indigence et aussy la faculté et puissance d'icelle Charitté, et ce par chacune semaine, ainsy qu'il sera advisé par les frères servans.

FUNÉRAILLES DES FRÈRES. — *Cy après ensuivent les institutions des trespassez qu'ilz ont eu en leur vye.*

Item, les frères servans d'icelle Charitté, qui bien et deubment auront servy leur temps ordonné comme dessus, ils auront le jour de leur trespas la croix d'argent et bannière neufve, et pareillement les chappelains, clerc et crieur d'icelle Charitté.

Item, sy aulcun frère ou sœurs va de vye à trespas, les amys d'iceluy seront tenus le faire asçavoir au prevost et eschevin, et incontinent par le crieur seront mandés les frères servans. Et premièrement les deulx garde clefs pour veoir au martologe s'il est vray qu'il soit en laditte Charitté et de quel temps et combien il doibt; et s'il n'a du tout bien faict son debvoir et payer pas les termes, ses amis ou heritiers respondront pour luy; le payement ou responce faict, s'il est de la ville de Chesnebrun, le crieur portera la croix et la banniere en la maison dudit trespassé. Lors, le crieur, vestu de sa tunicque et garny de son chapperon et clochettes, sera tenu aller par les careffours de la ville et à chacun careffour sonner par troys foys ses clochettes et dire à haute voix : *Que chacun dye la patenostre pour l'âme du trespassé*, et nommera son nom et surnom, et s'il a esté de quelque dignité sera tenu selon le tiltre de sa quallité et de quelle parroisse et pays; après dira : *Que tous les frères servans viennent à l'eglise et au service dudit trespassé, ainsy qu'il y a quarante jours de pardon à tous ceulx et celles qui par bonne devotion y viendront.*

Item, ledit crieur sera tenu faire asçavoir et fera signifier à tous les frères servans le decedz dudit trespassé, et le clerc sera subject faire sçavoir aux chappellains.

Les choses ainsy faictes, lesdits clerc et crieur, retournés à l'eglise dudit Chesnebrun, seront tenus et subjects sonner la cloche par treze coups pour appeller et assembler les treze frères servans, et à la fin sonneront à vol la ditte cloche à ce ordonnée; lesquelz frères servans ce doibvent comparoir par le dit appel à l'eglise dudit Chesnebrun, pour ce fault partir tous ensemble pour aller à la maison de celuy ou celle qui sera trespassé, et porteront lesdits frères torches, cierges, chandeliers et livre de laditte Charitté, et les chappellains leurs

surplis ; et après que le curey aura faict son service, tous lesdits chappellains diront bien pausement et devotement le service du trespassé, ainsi qu'il est ordonné cy dessus par laditte
Charitté comme sont vigilles des trespassés.

Item, doibvent estre alumez quattre cierges qui ardront aux
quattre coins du corps de la sepulture tout le temps pendant
du service de laditte Charitté, et aussy deulx torches, s'il n'a
point servy à laditte Charitté.

Item, sy ledit trespassé a esté frères servant ou la sœur
femme d'iceluy, il aura durant son service, tant à sa maison
qu'à l'eglise, quattre cierges ardans, quattre torches et deux
chappellains revestuz de chappes à convoyer corps tant à l'eglise
que au lieu de la sepulture, et tel service sera dit et faict pour
sa femme quand decedera, s'il est marié, et s'il estoit marié
deulx ou troys foys ou plus, ces dittes femmes auront tel service.

Item, s'il a esté prevost ou eschevin, luy et sa femme auront
six torches et quattre cierges et quattre chappellains revestuz
de chappes à son service, comme dessus est dit ; supposé que
ledit prevost ayt eu plusieurs femmes, il auront tel service
l'un comme l'autre, pourvue qu'ilz ce soient rendues à laditte
Charitté.

Item, lesdittes vigilles dittes, ledit crieur sonnera ses clochettes, et le prevost et eschevin leveront le corps en la maison et quattre des frères servans qui le porteront à l'eglise avec
l'aide des autres frères servans, ce faict en la compagnye.....
(*Le reste manque.*)

(Archives de l'Orne, série G.)

VII

M. Veuclin ne donne qu'une analyse de ces statuts,
d'après la copie qu'il en a trouvée dans le manuscrit du
xviii⁰ siècle conservé aux Archives du Calvados, qui lui
a déjà fourni le texte des statuts de la confrérie de Saint-
Jean-aux-Chapeaux. Les statuts originaux existent encore
aujourd'hui, si nous ne nous trompons, dans le char-
trier de l'église Notre-Dame de Saint-Lô.

La Charité de Saint-Lô se forma en 1520 de la réunion de plusieurs confréries peu prospères.

Ce document commence par indiquer que les bourgeois de la ville... « remontrèrent et exposèrent et don-
nèrent à entendre qu'en la dite eglise Notre-Dame de
Saint-Lô sont fondées et etablies de antiquité sept confraries, lesquelles à cause de la mortalité ou povreté
de ladite ville ne sont de si grande valleur comme le
temps passé, mais tournoient en diminution et ne pouvoient subvenir aux frais, coûtages et charges qu'il convient faire par les ordonnances des dites confraries,
pour considération desquelles choses et eviter aux in-
conveniens et mesfais, aussy à la sublevation et secours
des pauvres, et de la decoration et honneur de l'état
chretien, nous declarèrent tous accordablement avoir
communiqué, lu et publié les status et ordonnances de
cette presente Charité et avoir proposé faire recom-

mencer entre eux une compagnie charitable, eu redui-
sant en une union touttes les confraries, sous le titre de
Charité. Laquelle Charité ils entendoient eriger et eta-
blir de nouveau en ladite eglise de Notre-Dame, en
l'honneur et gloire et louange de la très sacrée, très
honorée Vierge Marie, mère de notre Sauveur Jesus-
Christ, en l'honneur de laquelle ladite eglise a été fondée,
en l'honneur de Monsieur S' Jean Babtiste et des benoists
saints et saintes en l'honneur desquels lesdittes confraries etoient instituées et etablies en ladite eglise, en
precedent de la constitution de la presente Charité, et
especialement la confrarie Notre-Dame, de la benoiste
Trinité, de saint Jehan Baptiste, de saint Jehan l'Evan-
geliste, saint Jacques et saint Christophle, sainte Anne,
saint Joseph, saint Gervais, saint Clair, sainte Marguerite, saint Nicolas et saint Martin, et à ce que à bon ordre,
au temps advenir, cette Charité puisse estre augmentée,
maintenue et conservée, ont fait et establi, par conseil
et bonne deliberation, statuts et ordonnances. »

Ces statuts comportent ensuite les articles communs
à toutes les Charités : treize confrères ; — droit d'entrée ; — procession ; — clerc ; — sept chapelains ; leurs
devoirs ; — élection de l'échevin. — Les frères « seront
aornés de chaperons de drap migraine ou violet à longs
cornettes en bourrelet... » — « Iceluy echevin tenant
une verge en main pour marque distinctive et dignité,
un chapeau de fleurs sur sa teste, de troys couleurs... »
— « Item pour plus amplement montrer par effet l'intention de cette presente confraternité et union charitative,
a eté avisé que le clerc de ladite Charité en ceuillera
les deniers d'icelle, qui sera prestre, comme dit est plus
propre, selon l'advis et deliberation desdits curé, eche-

vin, provost et frères servans, aura la charge et sera
deputé pour aller voir et visiter chacun dimanche les
frères et sœurs de cette ditte Charité qui seront malades
dedans le lit, de quelque maladie que ce soit, ou peut
être des paroissiens dessus dits, pourveu que ce ne soit
hors laditte ville ou fauxbourgs et que le prevost ou ledit chapelain à ce ordonné en auront connoissance ; et
sera laditte visitation à huit heures en hyver et à sept
heures en esté. Et sera tenu ledit chapelain, lors qu'il
partira de l'eglise pour aller à la visitation, le signifier
audit curé, echevin ou prevost ou frères, afin que l'un
ou plusieurs desdits frères servans vinsent avec luy à
laditte visitation pour l'honneur de Dieu, s'ils en ont
devotion et faire le veulent : et dira ledit chapelain en
la presence des malades, de quelque etat ou condition
qu'ils soient, une messe sèche, avec l'Evangile St Jean
et oraison, et fera la benediction du pain benit, si
requis en est, sans pouvoir administrer aucuns sacremens. Et pour ce faire et cueillir les deniers et en rendre
compte, qui pourra estre changé au bon plaisir dudit
curé et officiers et chapelains, appelés jusques au
nombre de douze des plus [notables] personnages de laditte Charité qui se pourront trouver avec eux... »

Les autres articles concernent les sujets suivants :
inhumation des frères ; service ; — trop grand nombre
de morts, — frères morts ailleurs qu'à Saint-Lô ; —
secours de 10 sols aux frères ou sœurs misérables qui
auront loyalement payé leur cotisation à la Charité pendant cinq ans ; — le pointeur ; — le chapelain ; — pèlerins à Jérusalem, Rome ou Saint-Jacques en Galice ;
— lépreux. — « Item, si par inconvenient de feu, de
mer ou autre cas fortuit, aucun desdits frères ou sœurs

avoient perdu tous leurs biens, on les aydera... de la
somme de dix souls t[s], ou autre somme, suivant la puissance de ladite Charité et qualité du personnage... » —
Comptes; — ornements; — messe; — sonneur de
cloches : « Il doit sonner aux carrefours en son habit
qui sera donné aux depens de ladite Charité, en portant
une des grosses cloches... » — Le conteur qui sonne
la messe portera la croix... — Au trépas des frères
« sera tinté et souné la cloche qu'on nomme Hubert,
en la forme et manière que sera sonné Marie pour
venir à la messe... »

(Manuscrit du xvIIe siècle. Archives du Calvados.)

VIII

RÈGLEMENT DES CHARITÉS DU DIOCÈSE DE LISIEUX
(1728)

Quelques-uns des usages établis par les Charités,
comme ceux de conduire processionnellement le prévôt
et l'échevin, de prendre un repas commun, avaient fini
par donner lieu à des abus. D'autre part, les comptes
n'étaient pas toujours régulièrement tenus, les rapports
entre les Charités et les curés n'étaient pas nettement
définis au point de vue de leurs droits et de leurs devoirs respectifs; enfin la présence de plusieurs confréries
à une procession ou à un enterrement soulevait des
questions de priorité et de préséance dont la discussion
n'allait pas trop souvent sans causer des scènes scanda-
leuses. Il était devenu nécessaire de rappeler les Charités

à leurs devoirs et de les rattacher plus étroitement à l'autorité diocésaine en leur donnant à toutes un règlement commun. Déjà, en 1675, le haut doyen de la cathédrale de Lisieux, Taignier de la Bretesche, avait rendu à ce sujet une ordonnance applicable dans l'étendue de sa juridiction comme juge ordinaire spirituel et temporel, c'est-à-dire dans la ville et la banlieue de Lisieux et la paroisse de Saint-Germain-de-Livet[1]. Mais ce fut la main vigoureuse de l'évêque Henri de Brancas qui appliqua au mal le remède nécessaire. Il fit rendre le 24 janvier 1728, par l'official, une sentence réglant définitivement et uniformément les devoirs et obligations des prévôts, échevins, rois, directeurs, chapelains et frères des Charités et autres confréries de son diocèse. Ce règlement, publié par mandement du 1er août 1730, devint aussitôt exécutoire, et l'évêque, voulant lui donner plus de force encore, en obtint du Parlement de Rouen l'homologation par un arrêt du 19 du même mois, qui fut lu et publié aussitôt dans tous les sièges de juridiction royale du diocèse.

Ce sont les articles les plus importants de ce règlement que nous publions[2].

[1] Cf. H. de Formeville, *Histoire de l'ancien évêché-comté de Lisieux*, t. Ier, p. cccx.

[2] Des extraits en ont été publiés dès l'année 1731 par le chanoine Le Prevot, probablement par ordre de l'évêque, dans un petit volume imprimé à Lisieux et intitulé : *La vie des saints patrons du diocèse de Lisieux*, p. 24. M. de Formeville en a donné aussi une analyse (*Op. cit.*, I, cccxij.)

Art. I. — Dans toute les villes du diocèse, les différentes Charités et confréries pourront être appelées toutes ensemble aux inhumations des habitants ; mais aux inhumations qui se feront à l'avenir à la campagne, il n'assistera qu'une Charité, qui sera toujours celle de la paroisse du défunt, ou s'il n'y en a point, celle de quelque paroisse voisine, au choix des parents, et de l'avis cependant du curé dudit défunt. — Défendons aux curés, sous les peines de droit, d'en admettre plusieurs ensemble, aux prêtres et chappelains de les y conduire, sous peine de suspense encourue *ipso facto*, et aux dites Charités de s'y assembler, sous peine d'interdiction. — Défendons pareillement aux eschevins, prevost, rois, maitres, directeurs et frères desdites Charités et confréries de se faire conduire processionnellement, par le clergé ou autrement, de leur maison à l'église, ou de l'église à leur maison, avec la croix et la bannière, aux veilles et jours de leurs fêtes, ni en aucun autres temps, comme aussi de faire collégialement aucuns repas aux dépens des aumônes publiques, ni même à leurs propres frais et dépens, dans les tavernes et cabarets, sous peine d'interdiction desdites Charités et confréries.

Art. II. *Quel rang les Charités doivent tenir aux processions.* — Dans les processions et cérémonies publiques, auxquelles les prevots, eschevins et frères de Charités et autres confréries du diocèse ont coutume et doivent assister (comme il sera dit-ci après), ils seront tenus de marcher séparément sur deux lignes égales, sous leur étendard ou bannière, au devant de la croix du clergé, à la tête de la procession.

Art. III. *Quel rang aux inhumations.* — Aux inhumations qui se feront à l'avenir dans les villes du diocèse, les prevots, eschevins et frères des différentes Charités et confréries qui y sont établies marcheront pareillement dans l'ordre ci-dessus, au devant et à la tête de la procession, à l'exception seulement de ceux de la Charité de la paroisse du défunt, lesquels, en ce cas et non autrement, marcheront sur deux lignes égales, immédiatement après le sieur curé, et y porteront *seuls* tour à tour le corps du deffunt, ce qui sera pareillement observé aux inhumations qui se feront à l'avenir à la campagne.

ART. IV. *Honoraires des chappelains des Charités.* — Les curés et autres ecclésiastiques qui font aujourd'hui le service divin accoutumé être fait au nom et aux frais des Charités et autres confréries, pour cause de fondation ou autrement, dans les bourgs et villages du diocèse, s'adresseront à monseigneur l'évêque et comte de Lisieux pour leur être pourvu d'honoraires et rétributions convenables, suivant l'usage actuel et les derniers règlements du diocèse, sauf aux prevots, eschevins et frères desdites Charités et autres confréries, à se pourvoir de leur part devant monseigneur l'évêque pour la réduction dudit service divin, à proportion des fonds aujourd'hui subsistants à raison d'icelui, conformément aux dits règlements.

ART. V. *Inventaire des écritures, coffre ou armoire à deux clefs.* — Toutes les pièces et écritures concernant lesdites Charités et confréries seront incessamment inventoriées et ensuite, avec ledit inventaire, déposées dans un coffre qui sera construit aux dépens d'icelles confréries et placé dans la sacristie des églises paroissiales, ou ailleurs dans lesdites églises, en lieu jugé convenable par les sieurs curés et les prevots, eschevins et frères desdites Charités et confréries; lequel coffre ou armoire fermera *au moins* à deux clefs différentes, dont une sera toujours gardée par le sieur curé et l'autre par l'échevin ou directeur des dites Charités ou confréries ; duquel coffre ou armoire on ne pourra tirer aucune des dites pièces que sous un récépissé.

ART. VI. *Pièces et argent dans le coffre.* — Il en sera de même pour les deniers des dites Charités et confréries, dont les prevots, échevins et frères ne pourront faire aucun usage que du consentement du sieur curé de leur paroisse. Enjoignons aux curés d'avoir une attention particulière sur cet article et de ne souffrir aucun enlèvement desdits deniers, sans s'être assuré de l'emploi et de l'usage qu'on en veut faire.

ART. VII. *Quand et comment les frères doivent servir.* — Les échevins et frères des Charités et autres confréries du diocèse serviront à l'avenir *en personne*, lorsqu'ils seront sur les lieux et qu'ils n'auront point d'empêchement légitime, *au moins* tous les premiers dimanches du mois, aux grandes fêtes et aux processions solennelles ; mais, lorsque d'ailleurs ils se trouveront hors d'état de faire leur service en personne, ils pourront commettre de bons sujets, de l'agrément des curés ou de leurs vicaires, en cas de maladie ou d'absence et non autrement. Auxquels jours de premiers dimanches du mois, ou de tel autre dimanche accoutumé dans chaque mois, seront payés les honoraires des messes et autres offices célébrés pendant le mois précédent, et les deniers provenant des quêtes qui se font en plusieurs églises du diocèse à l'intention des défunts seront représentés, afin qu'aussitôt après, les messes pour lesquelles se seront faites les dites quêtes soient bien et dûment célébrées.

ART. VIII. *Les frères doivent servir en tout à leurs propres frais et dépens.* — Défendons aux dits prevots, échevins et frères de s'appliquer à eux-mêmes et de recevoir à leur profit particulier aucune distribution des deniers de leurs confréries, à moins que, dans de pressants besoins, ils ne se fassent autoriser, comme aussi de faire aux dépens d'icelle le *Gâteau des Rois,* et de l'apporter ensuite chacun an le jour solennel de l'Epiphanie de Notre-Seigneur, ni à aucuns autres jours, pour en être les parts et portions tirées au hazard ou autrement, à l'offertoire de la messe solennelle qui a coutume d'être célébrée le dit jour au nom et aux frais des dites confréries.

ART. IX. *Amendes au profit des Charités.* — Les amendes accoutumées seront exactement payées par les contrevenants aux différents articles des statuts et règlements particuliers de chacune des dites Charités et confréries qui ne seront pas contraires à ceux contenus au présent règlement, et toutes et chacunes des dites amendes vertiront au profit d'icelles Charités et autres confréries ; à l'effet de quoy, l'échevin ou le directeur en charge sera tenu d'en tenir registre ou journal, ainsi que de tout ce qu'il recevra au profit des dites Charités et confréries, en détail et par le menu, pour ensuite en rendre compte de même, ainsi que de tous les autres biens et revenus fixes ou casuels d'icelles Charités et confréries, en la manière expliquée en l'article suivant.

ART. X. *Manière de rendre les comptes des Charités et autres confréries*. — Les comptes des dites Charités et confréries qui depuis longtemps de droit n'auroient pas été rendus par devant monseigneur l'évêque, ses archidiacres, doyens ruraux ou autres commis, dans le cours de leurs visites, seront incessamment, et dans l'espace de six semaines au plus tard, représentés aux sieurs curés pour être par devant eux de nouveau examinés, calculés et arrêtés, en la présence des prevots, échevins et frères actuellement servants, ou eux dûment appelés par les avertissements qui en seront faits au prône de la messe paroissiale du dimanche précédent ; lesquels comptes, ainsi rendus, seront ensuite représentés à monseigneur l'évêque, ses archidiacres, doyens ruraux ou autres commis, dans le cours de la première visite qu'ils feront, le tout à peine de six livres *d'aumône* au profit des dites Charités et confréries pour chacun desdits anciens échevins ou directeurs qui seroient défayants ou refusants de ce faire ; de laquelle aumône, les échevins ou directeurs en charge seront tenus de se charger en recette, à peine d'en répondre en leur propre et privé nom ; et seront à l'avenir les dits comptes, ainsi examinés et arrêtés par lesdits sieurs curés, représentés à monseigneur l'évêque, ses archidiacres, doyens ruraux ou autre commis, dans le cours des premières visites qu'ils feront, et ce en la manière et sous les mêmes peines que dessus.

Art. XI. *Abus réformés et à réformer.* — Aux élections et dépositions des échevins, prevots, rois, directeurs et frères des dites Charités et autres confrairies, il ne se commettra dans les églises aucunes choses contraires au respect dû au lieu saint et à la présence adorable de N.-S. J.-C. dans le très Saint Sacrement de l'Autel ; à l'effet de quoi enjoignons aux curés d'empêcher la continuation des abus à cet égard, comme d'ailleurs en tout ce qui ne se trouvera point ici nommément exprimé.

Art. XII. *Présence du curé nécessaire pour tous contrats.* — Défendons expressément aux dits prevots, échevins, rois, directeurs et frères des différentes confréries établies dans le diocèse, d'accepter aucune fondation, faire aucune constitution, recevoir aucun racquit, faire aucun bail, en un mot de faire ou passer aucun contrat qu'en la présence et du consentement

du sieur curé, ou de son vicaire en son absence, ou du chappelain qui, à leur défaut, est en droit d'y présider, et ce sous
peine d'interdiction des dites Charités ou confréries.

Art. XIII. *Qui doit régler les fonctions spirituelles des
chappelains.* — Faisons pareillement expresse défense aux dits
prevots, échevins, directeurs et frères desdites Charités et
confréries de se mêler et prendre connaissance des fonctions
spirituelles de leurs chappelains ; à eux est enjoint, au contraire, d'en laisser la direction entière aux curés, ainsi que
des clercs et crieurs, lesquels ne pourront, non plus que les
dits chappelains, être reçus qu'avec l'agrément des curés ; auxquels curés, les frères entrants dans les dites charités et confréries seront présentés, huitaine au moins avant leur entrée
et installation, pour être iceux agréés par les dits curés, et
en conséquence reçus et installés en la manière accoutumée.

Art. XIV. *Devoirs des chappelains aux inhumations.* —
Enjoignons à tous les chappelains des dites Charités et confréries, comme aussi à tous les autres prêtres et ecclésiastiques appelés aux convois et enterrements, d'assister à tout le
service divin, chantant et psalmodiant sans discontinuer ni
désemparer du chœur, si ce n'est pour la célébration des messes
qui leur seront pointées aux heures qui arriveront pendant
l'inhumation, pour l'administration des sacrements ou pour
autres causes raisonnables qu'ils feront connaître aux curés,
ou à leurs vicaires en leur absence, à peine de perte actuelle
de la distribution dudit office, à laquelle fin, etc.

Art. XV. *Messes des défunts et autres.* — Défendons aux
dits chappelains des Charités et confréries, ainsi qu'à tous les
prêtres habitués et non habitués, de briguer ni rechercher les
messes des défunts ou autres, ni de se charger de les dire ou
faire dire, que sous la direction du curé, auquels nous enjoignons de tenir la main à ce qu'il soit satisfait en leurs églises
aux obligations des fondations et dévotions des peuples, sans
fraude ni abus, à l'effet de quoy, etc.

Art. XVI. *Devoirs des prêtres et autres ecclésiastiques.* —
Enjoignons expressément à tous les dits chappelains des Charités et autres confréries, ainsi qu'à tous les prêtres et autres

ecclésiastiques des paroisses du diocèse habitués et non habitués et demeurant en icelles, d'assister les dimanches et fêtes à tout l'office canonial et paroissial, aux processions et autres offices qui se font gratuitement pour et au nom de la paroisse, ès dits jours et à tel autre que ce puisse être, ainsi qu'à toutes les prières et cérémonies publiques, les *Te Deum* et autres semblables, et les veilles des dimanches et fêtes aux vêpres et autres offices ordinaires ou prescrits ès dits jours, et d'y faire toutes et telles fonctions qui leur seront prescrites par les curés ; comme aussi de s'employer aux autres fonctions ecclésiastiques, telles que sont les catéchismes, administration des sacrements, et autres semblables, le tout sous l'autorité de Monseigneur l'évêque-comte de Lisieux, et suivant l'ordre qui leur en sera donné par le sieur curé de leur paroisse et non autrement ; à eux enjoint de suivre et de se conformer à l'ordre établi par les curés dans leur sacristie, et d'y dire et célébrer leurs messes successivement, à l'heure et en la manière qui leur sera prescrite ; comme aussi de porter honneur, obéissance et respect aux curés de leurs paroisses, et de se rendre aux heures réglées pour faire les services et remplir à temps les fonctions qui leur seront marquées, sans pouvoir s'absenter ou s'en dispenser, sans cause légitime reçue par les curés, ou par leurs vicaires en leur absence, etc.

ART. XVII. *Amendes et autres peines contre les contrevenants aux règlements ci-dessus.* — Tous et un chacun des articles précédents seront exécutés par les prevots, échevins et frères des Charités et autres confréries, à peine de cinq sols d'amende, en forme d'aumône au profit des dites Charités et confréries, pour chacun des dits prevots, échevins et frères qui seroient refusants de se conformer au dit règlement, en tout ou partie, et pour chacune contravention pour la première fois, de 10 sols pour la seconde fois, et d'exclusion entière et pour toujours des dites Charités et confréries, en cas de contravention de la part du corps d'icelles, ce qui sera ainsi exécuté, nonobstant toutes appellations, oppositions et autres empêchements quelconques, et sans y préjudicier, pour lesquelles il ne sera différé, du moins en cas par provision, sous les mêmes peines que dessus.

6

IX

LETTRES PATENTES DU ROI EN FAVEUR
DE LA CHARITÉ D'ALENÇON (1736)

Ces lettres patentes furent accordées en 1736 par le
roi Louis XV à la Charité d'Alençon, dont elles con-
firment les statuts, en les modifiant quelque peu. Elles
avaient été sollicitées par les habitants de la ville,
appuyés par l'intendant de la généralité, à la suite de
bruyants démêlés entre les frères de charité et le curé
de Notre-Dame, Bourget, qui ne demandait rien moins
que la suppression de la confrérie.

Louis, etc. A tous présents et à venir, salut.

Nos chers et bien amés les bourgeois et habitants de la ville
d'Alençon nous ont fait représenter qu'en l'année 1616, leurs
ancêtres établirent, du consentement et de l'aprobation du
sieur Camus, alors évesque de Sées, une confrairie nommée
Confrairie de Charité, pour le soulagement des pauvres, le
secours des malades et l'inhumation des morts, et que, pour
entretenir entre les confrères l'ordre nécessaire aux exercices
de piété qui devoient faire l'objet de leur association, il fut
dressé des règlemens que aprouva ledit sieur évesque et
dont l'exécution a parfaitement rempli les vues de charité
qui ont donné lieu à l'établissement de la confrairie. Mais cet
établissement, qui se soutient depuis plus d'un siècle, par le
zèle et la piété des confrères et par les aumônes et les charités
des fidelles, ayant besoin de nos lettres qui en assurent la durée
et qui conservent à la religion des pratiques si pieuses et si
édifiantes, les exposants nous ont très humblement fait suplier
de les leur accorder.

A ces causes, voulant contribuer autant qu'il est en nous à ce que, pour procurer l'assistance des pauvres, le secours des malades, et les autres exercices que demande la religion et la piété, nous avons, de notre grâce spéciale, pleine puissance et authorité royalles, approuvé, loué, confirmé et authorisé, et, par ces présentes, signées de notre main, approuvons, louons, confirmons et authorisons l'établissement en la dite ville d'Alençon de la confrairie de charité et réunion de celle de S¹ᵉ Croix, pour le soulagement des pauvres, le secours des malades et l'inhumation des morts; voulons qu'elle soit à tuujours sous notre protection et celle des roys nos successeurs, et soumis à la juridiction des sieurs évesques de Sées quant au spirituel, ainsy qu'elle a été depuis son établissement, sans qu'elle puisse en aucune manière dépendre de notre grand aumosnier, ny estre sujette aux visites et juridictions des officiers de la généralle refformation, grande aumosnerie et autres;

Voulons, en outre, que ladite confrairie soit régie et gouvernée suivant les statuts et règlemens qui ont esté faits lors et depuis son institution, conformément à iceux, et ainsy qu'il suit.

ARTICLE PREMIER.

PERSONNEL[1]. — La confrairie sera composée de tous ceux et celles qui se présenteront pour y estre admis, pourvu néanmoins qu'ils soient de bonnes mœurs; — de sept chapelains prestres pour dire et célébrer le service divin, en leur rang et ordre, lesquels seront natifs de la ville, si faire se peut (les curé et vicaire seront, par préférence à tous autres, priés d'en accepter la charge; sinon il en sera choisi d'autres dans l'assemblée des frères servants); — de deux clercs, d'un clocheteur, d'un porte-bière et de treize frères, gens de bien, sans reproches, et de bonne vie et mœurs, domiciliés en la ville et fauxbourgs d'Alençon, lesquels s'appelleront frères de charité et, comme tels, s'aimeront l'un l'autre et s'avertiront mutuellement, avec douceur, des devoirs de leur charge.

[1] Ces titres n'existent pas sur l'original.

2 et 3.

CONDITIONS D'ADMISSION. COTISATION. — Nuls hérétiques, excommuniés, dénoncés criminels de lèze-Majesté divine et humaine au premier chef, ou atteint de lèpre, ne pourront estre receus en la confrairie, non plus que ceux qui auront esté cités d'infamie par sentence ou arrest exécuté.

Quiconque voudra estre receu en la confrairie sera tenu de se confesser et communier, et, s'il n'est de la ville, aporter attestation de son curé ou vicaire et prestre qui l'y aura administré les sacremens, et payé trois sols de rente par chacun an, sa vie durant, au jour et feste de la Conception de Notre-Dame, ou soixante sols une fois, à son choix, dont sera faite mention par l'eschevin sur le registre de la confrairie.

Les pauvres, comme serviteurs, artisans, domestiques et autres, seront receus en payant vingt deniers par an, leur vie durant, ou trente sols une fois, dont sera pareillement fait mention sur ledit registre.

Ne seront tenus les chapelains payer la rente pendant qu'ils seront chapelains servants.

Faute de payement par deux années consécutives, tout confrère sera rayé et biffé du livre de la confrairie; lesquels deniers seront employés en rente par l'échevin, au nom de la confrairie, pour l'entretien d'icelle.

4.

SERMENT DU NOUVEAU FRÈRE. — Les réceptions en la confrairie seront faittes dans les assemblées des frères et hors le temps de l'office parroissial. Ceux qui se feront recevoir presteront serment entre les mains du curé, vicaire ou chapelain, en présence du prevost, échevin et des frères, et étant à genoux, ayant la croix entre les mains, qui leur sera mise par celuy qui recevra le serment, ils jureront et prometteront à Dieu et à la Vierge Marie, au nom de laquelle est fondée cette confrairie, de payer ou faire payer par chacun an, leur vie durant, les dits trois sols ou vingt deniers de rente, s'ils ne l'ont affranchie, pour l'entretien du service, et, en outre, qu'étant priés de servir et accepter les charges onéreuses de la confrairie, ils y employeront fidèlement, sans pouvoir s'en exempter, sinon pour une cause légitime jugée telle par les frères assemblés, qu'ils ne se départiront du service de Dieu et du roy pour quelque cause que ce soit. Après ledit serment par eux fait, leur sera donné la croix à baiser, et leur nom écrit au livre.

Si c'est une femme mariée ou fille qui veuille estre admise dans ladite confrairie, on luy demandera qu'arrivant l'occasion que son mary soit prié et requis d'y servir, si elle ne promet pas de l'y porter, et ayant répondu qu'oui, on luy donnera la croix à baiser, et son nom sera enregistré.

A l'égard de ceux qui seront demeurant ailleurs qu'en la ville et fauxbourg d'Alençon qui auront dévotion d'estre receus en la confrairie, ils ne pourront estre enregistrés, encore qu'ils ne soient présents en personne, en payant par eux les droits cy dessus réglés.

5.

ECHEVIN FUTUR. — Tous les ans, six mois avant la fin du service du prevost, il sera nommé, par le prevost et l'eschevin, un échevin futur, lequel entrera échevin après le temps accompli de l'autre, au changement d'officiers; aura le dit échevin futur séance à costé gauche du prevost, au banc, ayant sa robe et chapron, et voix délibérative, lorsqu'il voudra se trouver aux assemblées, encore qu'il n'y soit tenu, et marchera après l'échevin.

6.

ELECTION DES FRÈRES SERVANTS. BANQUETS INTERDITS. — Pour parvenir à l'élection des frères servants, il sera convenu, dans une assemblée des frères, six mois avant la sortie de ceux qui sont en charge, de vingt sujets, dont les noms seront inscrits par le gréfier sur un mémoire particulier, pour en estre choisi unze pour remplacer les frères servants après leur temps expiré. Et sera ledit mémoire présenté au banc quinze jours avant la feste de la Conception de Nostre-Dame, pour estre ledit nombre de unze choisi par l'assemblée, et l'ordre que devront tenir lesdits frères jugé le jour de la Conception, après les

vespres et complies, par le prevost et eschevin entrants et
sortants et à eux prononcé le lendemain, sans que pour le dit
changement, ny reddition des comptes ou autrement, il puisse
estre fait par lesdits frères aucun festin ny banquet.

7.

NOTIFICATION DE L'ÉLECTION. — Les frères qui devront entrer
en service après le temps expiré des autres seront priés, asçavoir l'échevin futur par le prevost et échevin, d'accepter la
charge, et les autres frères par le greffier.

8₄

PAIEMENT DES COTISATIONS. — Ne pourra estre admis aucuns
frères servants, ny autres officiers en ladite confrairie que
premièrement ils ne soient immatriculés au livre d'icelle. Et
si aucuns sont redevables des rentes à vie, seront tenus, le
jour qui précédera leur entrée, de s'en acquitter, comme aussy
de payer celles qui échéeront pendant le temps de leur service,
d'autant qu'il y faut entrer et sortir quitte; à raison de quoy
le dimanche précédent (sic) leur entrée, l'échevin sera tenu de
faire des mémoires pour estre par luy présentés le même jour
aux frères entrants, afin qu'ils payent leur deub.

9.

REFUS DE SERVIR. — Et encore que touttes personnes immatriculées audit livre soient sufisamment obligées au service de
ladite confrairie à la première semonce qui en sera faitte,
néanmoins ils n'y pourront estre contraints que premièrement
ils n'en ayent esté priés et requis par deux diverses années.
Les excuses et causes de leur refus seront fidèlement rapportées
au bout, pour estre par le greffier enregistrées au livre, qui
sera tous les ans aporté lorsqu'il faudra faire nouvelle élection
desdits frères, pour sçavoir si telles excuses sont pertinentes
et raisonnables. Que si, pour la troisième fois, ils en sont requis
et priés, et qu'ils en fassent refus, étant capables de le faire,
seront alors déclarés, dans l'assemblée des frères, indignes de
cette charitable fraternité, leurs noms rayés et biffés dudit

livre et incapables d'y servir; mais [au cas] où ils auroient déjà servi, n'y seront tenus une autre fois, s'ils ne veulent.

10.

ENTRÉE EN CHARGE DES FRÈRES SERVANTS. — Le lendemain du jour et feste de la Conception, les frères nouveaux entrants en charge s'assembleront chés l'échevin futur, qui doit faire la charge d'échevin ladite année, pendant que la cloche de la messe sonnera, pour de là venir tous ensemble avec leurs manteaux noirs à l'église, où étant arrivés se mettront à genoux dans la chapelle Madame (sic) pour faire leurs dévotions, attendant que le greffier les viendra prendre et mener au banc, où estant assemblés, le curé, ou quelque homme d'église pour son absence, leur fera quelque sommaire discour en forme d'exortation de l'excellence de cette charitable vocation qui leur fait si volontairement exercer la charité ; ensuite, en la présence et assistance du prevost, les fera mettre à genoux, prendre la croix et prester le serment, lors le prevost leur dira en cette façon qu'ils prononceront tous après luy :

11.

« Nous jurons tous et promettons à Dieu et à la Vierge Marie, notre patronne, au nom de laquelle cette Charité est fondée, que nous garderons inviolablement les règles et statuts d'icelle, sans y contrevenir en aucun point, et où nous reconnoîtrons qu'elles seront enfraintes ou altérées par augmentation ou diminution, de nous y oposer, et que nous ne nous départirons jamais du service de Dieu et du roy pour quelqu'occasion que ce soit. »

Leur fera baiser la croix en la manière ci-dessus, leur faisant ledit prevost entendre le rang qu'ils doivent tenir suivant ce qui aura esté arresté le jour précédent et nommera celuy qui servira de grefier ; cela fait, seront renvoyés en ladite chapelle pour assister à la messe de Charité qui sera ditte, durant laquelle ils auront tous chacun un cierge qu'ils allumeront en même temps que la messe sera commencée, et iront baiser la paix à l'offertoire après les frères.

Assisteront lesdits frères nouveaux, avec leurs manteaux et habits noirs, à la procession qui se fait ordinairement dans ladite église à la messe paroissiale, ledit jour de dimanche précédent (sic) la feste de la Conception; après quoy entreront en charge.

12.

CHOIX DES CLERCS, DU CLOCHETEUR ET DU PORTE-BIÈRE. — Les deux clercs, clocheteur et porte-bière seront élus et nommés par le prevost et l'échevin, du consentement des frères servants ou de la plus grande partie d'iceux, et natifs de la ville et fauxbourgs d'Alençon, et y demeurants.

13.

CHAPELLE DE LA CHARITÉ. — Pourront les frères faire dresser dans la chapelle de la confrairie une longue table ornée d'un tapis, avec des bans derrière, pour y asseoir lesdits prevost, eschevin et frères, lorsqu'ils seront assemblés en ladite chapelle, sur laquelle table sera mise et posée la croix et les livres; ne traitteront de leurs affaires pendant le divin service ordinaire de ladite église paroissiale; auront aussy dans ladite chapelle un garde-chappe, pour mettre et resserrer les ornemens et livres de ladite Charité.

14.

LIVRES ET TRONC PORTATIF. — Auront lesdits frères de la Charité quatre livres ou registres, le premier desquels fermera à clef, dans lequel seront insérés et écrits par ordre alphabétique les noms et surnoms de tous ceux et celles qui entreront en ladite confrairie; au dos duquel seront écrits les noms de ceux qui auront esté rayés et biffés de ladite confrairie, ensemble la cause pourquoy ils auront esté rayés et biffés. Le second sera pour écrire les noms et surnoms des trespassés et inscrire en iceluy le jour, le mois et l'année de leur décès, pour y avoir recours afin de faire leurs obits et service en temps oportun. Le troisième sera pour enregistrer les titres et enseignemens de ladite confrairie, y employant la datte d'iceux et devant quel tabellion ils auront esté passés. Et le quatrième pour marquer les sommes receues des immatricules et rentes à vie.

Auront aussi une boëte portative qui aura une ance de fer sur le couvercle, laquelle fermera à deux clefs, sur lequel couvercle il y aura une petite ouverture pour y mettre l'argent, et sera ladite boëte enfermée et mise dans l'armoire de la chapelle par l'échevin, lequel sera tenu de la représenter aux jours que l'on s'assemblera en ladite chapelle, desquelles deux clefs de ladite boëte ledit échevin en aura une et l'échevin futur l'autre.

GOUVERNEMENT DE LA CONFRAIRIE[1]

15.

Ladite confrairie sera régie et gouvernée par lesdits treize frères pendant le temps de leur service, du nombre desquels il y en aura trois qui rempliront les places de prevost, d'échevin et de greffier.

16.

Le prevost sera le chef de ladite confrairie, convoquera les assemblées, recueillera les voix et prononcera les délibérations arrestées à la pluralité des suffrages. En l'absence du prevost, l'échevin prendera en son lieu et place, et en cas de l'absence de l'échevin, l'un des frères suivant leur ordre.

Seront tenus les frères d'obéir au prevost et échevin en ce qui regarde le fait de la confrairie.

Ne pourront néanmoins lesdits prevost et échevin disposer du revenu de ladite confrairie, de l'avis des frères servants à la pluralité des voix.

Le prevost et les onze frères ne serviront que deux années, après l'expiration desquelles l'échevin entrera dans la place de prevost, l'échevin désigné en celle d'échevin et ceux qui auront esté élus pour faire le service dans les places de frères.

17.

Le curé, en sa dite qualité, sera appelé à touttes les assem-

[1] Ces titres généraux existent sur l'original.

blées et aura voix délibérative, sera placé entre le prevost et l'échevin et signera le premier, suivant l'usage.

DEVOIR DU PREVOST

18.

Sera tenu le prevost et, en son absence, l'échevin, sitost qu'ils seront avertis que l'un des frères ou sœurs sont malades, les faire visiter par l'un des chapelains, pourvu qu'ils soient demeurant en cette ville et fauxbourgs, pour les exhorter à bien mourir, les secourir de leurs commodités, où ils en auroient besoin, implorant le secours et charités des confrères, lesquels seront obligés d'y contribuer, chacun à sa dévotion et selon ses moyens, les disposer à bien mourir et recevoir le Saint Sacrement, les leur fera porter par le curé, l'un de ses vicaires ou autre prestre par luy commis, et lorsque le Saint Sacrement de l'autel sera porté au confrère malade, mettre ordre que ce soit avec plus révérence et dévotion qu'il sera possible ; feront assister les confrères malades jusqu'au dernier soupir de la vie, si faire se peut, afin de les avertir d'invoquer le saint nom de Jésus en partant de cette vie.

19.

Appartient au prevost de toucher et recevoir par les mains de l'échevin tous les deniers de ladite confrairie, pour les distribuer, payer les gages des chapelains, clercs, clocheteur et porte-bière, suivant l'état qui en sera arresté dans l'assemblée des frères.

DEVOIRS DE L'ÉCHEVIN

20.

Touttes fois et quantes que l'échevin sera averti du décès de frères ou sœurs de ladite confrairie ou de leurs enfants ayant servi ou promis servir, il ira voir au livre d'icelle confrairie si le défunt y est enrollé et pour sçavoir s'il y doit quel-

que rente, laquelle il fera payer aux héritiers du défunt ou
s'en assurera ; lequel, ayant reconnu que ledit défunt est au
livre et payé, il donnera charge au clocheteur d'aller sonner
tant les prières que la cloche pour assembler la compagnie, de
faire avertir le prevost et les frères de l'heure par les clercs,
afin d'aller à l'inhumation du défunt ; que s'il n'a laissé
aucuns moyens pour satisfaire, fera tinter la cloche pour
assembler les frères, lesquels étant bien et duement assurés
de sa pauvreté feront charité ; laquelle cloche sera sonnée
pour aller à l'enterrement l'espace d'un quart d'heure.

21.

L'échevin sera tenu d'avoir le soin de procurer et faire venir
tous les deniers qui sont deus et donnés à la confrairie tant
par rentes qu'autrement, d'oposer aux décrets pour la conser-
vation de leur deub, constituer les deniers en rentes au nom
de la confrairie pour l'entretien du service divin, lesquelles
constitutions seront faittes par délibérations des frères servants
portées sur le registre et signées d'eux, afin que ledit échevin n'en soit responsable ; poursuivra les affaires et procès
qui pourront intervenir : à raison de quoy, il aura les titres,
qu'il prendra par inventaire du prevost et frères, et en donnera
un récépissé au prevost.

22.

Et où ledit échevin seroit négligent de poursuivre le
payement desdites rentes et deniers deus à ladite confrairie,
luy sera enjoint de ce faire par le prevost dans un certain
temps et, en cas qu'il n'en fasse son devoir dans le temps,
sera blamé par le prevost et échevin futur de sa négligence et
même en demeurera responsable en son propre et privé nom.

23.

L'échevin sera chargé de la garde des livres de ladite Charité, comme étant sa charge, et d'immatriculer tous ceux et celles
qui auront requis et presté le serment devant le curé ou l'un
des chapelains, et d'écrire au livre des trépassés ceux qui décéderont.

DEVOIRS DU PREVOST ET DE L'ÉCHEVIN EN COMMUN

24.

Le prevost et l'échevin ne porteront point les corps, mais aideront à charger les frères, lesquels, lassés de porter, apelleront les autres frères qui les suivront en ordre et les en chargeront, aydant lesdits prevost et échevin à charger et décharger.

25.

Seront les dits prevost et échevin tenus et obligés de prendre les corps morts, de quelque maladie qu'ils soient décédés, dans les maisons; iceux ensevelir aux dépens de ladite confrairie, si les parents et amis des deffunts ne l'avoient fait ou fait faire; les mettront hors de la maison, et si lesdits prévost et échevin ne sont assés forts, seront aidés par les frères, qu'ils apelleront.

26.

. Le lendemain de la feste de la Conception, le prevost sortant et l'échevin montant à la place de prevost seront tenus de représenter le compte de leur administration, pour estre examiné dans l'assemblée des frères et ensuite procédé par eux à la clôture, sans aucun sallaire ny banquet; le reliquat duquel sera payé dans le mois, lequel passé l'interest courera jusqu'à l'achevé payement.

DEVOIRS DU GREFFIER

27.

Le gréfier sera tenu de faire registre de touttes les amendes taxées sur chacun frère et en donner le mémoire à l'échevin pour faire payer aux condamnés, et aporter ledit mémoire au premier banc. Sera aussy tenu d'écrire les billets des obits qui seront célébrés en la semaine, de les représenter au banc le dimanche au prevost, afin d'en avertir les frères, de les donner à un des chapelains pour avoir soin que la recommandation en soit faitte au prosne de la messe parroissialle, et de faire registre des absents des frères aux messes, processions, enterrements et convois.

DEVOIRS DES FRÈRES SERVANTS EN GÉNÉRAL

28.

QUÊTE. TRONC DE LA CHARITÉ. — Porteront chacun desdits frères, un mois durant, la tasse pour faire la queste en ladite église, tant aux festes solennelles, festes de Notre-Dame et dimanches, que durant les messes de la Charité où ils doivent assistance ; laquelle queste sera commencée par l'échevin et continuée au bout du mois par les autres. A l'effet de quoy, il y aura un tronc posé dans la chapelle de la confrairie, dans lequel, immédiatement après la queste, le questeur ira mettre les deniers ; lequel tronc fermera à deux clefs, dont l'une sera mise entre les mains du prevost et l'autre en celles de l'échevin, pour estre les dits deniers employés à l'entretien du luminaire et autres affaires de ladite confrairie, sans que ladite queste puisse préjudicier à celles qui se font par les trésoriers pour le bien et le profit de l'église.

29.

Touttes fois et quantes qu'il sera requis aux chapelains et frères de la Charité d'assister aux messes, obits, enterrements et processions, s'assembleront premièrement en ladite chapelle, revestus de leur robe et chapron.

30.

COSTUME. BANNIÈRE. CROIX DE LA CHARITÉ. — Seront tous lesdits treize frères de charité et chapelain, lorsqu'ils marcheront en corps, soit aux processions, inhumations et services ordinaires, ou quand lesdits frères entreront en la chapelle pour tenir banc, en un mot en touttes occasions où il aura esté ainsy ordonné par le prevost, échevin ou autre en leur absence, tenus s'assembler revestus, sçavoir : les chapelains de soutanes,

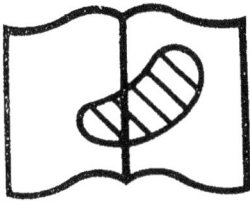

Illisibilité partielle

surplis, bonnets quarrés, ayant leur chaperon sur l'épaule, et lesdits frères revestus de rohes noires de laine jusqu'aux talons, portant sur l'épaule le chaperon, dans le bourrelet duquel il y aura une croix blanche. Seront lesdits frères servants bien et honnestement vestus et chaussés, sur peine d'amende. Sera porté devant eux à tous les convoys et processions, par un des clercs, la croix, et par le porte-bière la bannière, en laquelle sera d'un côté représentée l'image du crucifix et de l'autre la Conception de Notre Dame. Et lorsque lesdits frères tiendront banc, sera toujours devant eux une croix portative, pour se souvenir de l'extrême charité de Notre Seigneur Jésus-Christ mourant pour nous en croix.

31.

FÊTES DE LA CHARITÉ. COMMUNION. — Sera fait chacun an un service solennel aux jour et feste de la Conception de Notre-Dame, avec procession, à telle heure que le service de ladite église ne soit aucunement interrompu ; auquel service tous les confrères et sœurs de ladite confrairie seront tenus d'assister, se confesser et communier, si faire le peuvent, d'assister aussy à la prédication qui sera faitte ledit jour, et à vespres et complies.

Et, en outre, sont exhortés de se confesser et communier aux trois autres festes solennelles de ladite confrairie, qui sont la Purification, l'Assomption et Nativité de Notre-Dame, outre les quatre autres festes solennelles de l'année, et d'assister au service divin et aux processions ordinaires qui se font lesdits jours à vespres et à complies.

32.

MESSE DE LA CHARITÉ. — Seront aussi tenus les treize frères de charité et clercs d'assister, tous les jours de dimanche et le premier vendredy de chaque mois, à la messe de ladite Charité, qui sera ditte en ladite église de Notre-Dame, à sept heures du matin, en la chapelle d'icelle, en quelque temps que ce soit, sans y manquer sans cause légitime, avec leur robe et chapron, à peine d'amende.

MESSE QUOTIDIENNE. — Et les autres jours, s'ils veulent et en ont le loisir, sans qu'ils soient tenus porter leurs robes et chaprons, les clercs y assisteront toujours, les autres frères et sœurs demeurant en la ville et fauxbourgs sont exhortés d'y assister, si faire le peuvent, sinon dire chacun cinq fois *Pater noster* et cinq fois *Ave Maria*.

Il y aura sur l'autel deux cierges, lesquels seront allumés par lesdits clercs lorsque l'on célébrera la messe, et deux torches qui seront allumées et aportées par l'un des clercs et données à deux desdits frères servants tant que la consécration du corps de Jésus-Christ durera, après laquelle seront par eux reprises et éteintes.

33.

ASSISTANCE EN PERSONNE. COMMIS. CAS D'ÉPIDÉMIE. VIGILES A LA LEVÉE DU CORPS. CLOCHE. — Lesdits frères servants seront tenus d'assister en personne, ainsy que les clercs et chapelains, à touttes assemblées ordonnées pour l'acquit des obligations de ladite confrairie, ensemble à tous les convoys et sépultures des morts écrits au livre d'icelle, et à la messe qui sera ditte pour le frère ou sœur trépassé ; et pour les chapelains et clers, à tous les offices, services et obits qu'il conviendra faire dans cette ville et fauxbourgs, — les chapelains avec leurs soutanes, surplis, chapron et bonnet quarré, et les frères avec leur robe et chapron, sans que lesdits frères puissent aucunement s'excuser, si ce n'étoit par absence pour affaires urgentes et non simulées ou maladie non feinte ; auquel cas leur sera permis d'avoir des commis, qui seront personnes honnorables, de bonne vie et mœurs, selon la qualité et dignité de ladite confrairie, qui se présenteront pour eux au prevost, avec leur robe et chapron, qui les admettra en la place des absents par l'avis desdits frères, lorsqu'il luy sera apparu de la vérité des excuses.

Et en cas de peste et dissenterie qui pourroit survenir en ladite ville et fauxbourgs, ne pourront lesdits frères servants, prevost et échevin, clercs et chapelains, s'absenter des convoys et assistances pour la crainte du danger, mais au contraire se rendre sujets et vigilants pour l'assistance et inhumation des corps, selon le deu de leurs charges.

Et lorsqu'ils seront assemblés pour aller à quelques convoys, sera portée la croix et la bannière, comme dit est.

Et diront les chaplains, au lieu où est le corps trépassé, Vigilles, les commenceant à *Placebo Domino*, et en portant le corps à l'église seront parachevées; sinon qu'elles fussent dittes par le curé ou vicaire de la paroisse où sera inhumé le corps, sans pouvoir faire aucun préjudice aux droits du curé et vicaire de cette ville et fauxbourgs, ny aux autres confrairies.

Pour faire lesquelles assemblées requises et nécessaires, ce sera à l'échevin de faire sonner la cloche tant en plain vol que la faire tinter ; et pour la faire du tout cesser, cela dépendra du prevost.

34.

FRÈRES MALADES. — S'il y aura des frères servants malades, les autres frères servants seront tenus les visiter une fois la semaine, s'il est possible.

35.

FUNÉRAILLES D'UN FRÈRE. — Quand l'un des chapelains, prevost, échevin ou frères décéderont pendant le temps qu'ils serviront à ladite confrairie, ou arrivant le trépas de ceux qui y ont servi ou promis d'y servir, et des sœurs femmes desdits frères servants et de celles des frères qui ont servi ou qui doivent servir l'année prochaine, lesdits frères servants seront tenus d'assister aux convois avec leur robe et chapron, tenant en leur main chacun un cierge d'un quarteron ou plus, qui sera fourni aux dépens de la Charité.

Et seront tenus d'aller si lentement au convoy que le deuil et parents qui y assistent les puissent suivre et accompagner.

Sera donné aux pauvres, des deniers de ladite Charité, deux sols.

Et en arrivant au logis où est le corps entreront par ordre, luy donnant de l'eau bénite l'un après l'autre, et ressortiront, à l'exception du prevost et de l'échevin, qui demeureront pour le sortir et charger aux frères, ce qui ne sera fait par des commis, mais par lesdits prevost, échevin, et frères, s'ils ne sont assés forts.

36.

Funérailles des enfants des frères. — S'il décède quelqu'enfant desdits frères servants pendant le temps qu'ils seront à ladite confrairie ou de ceux qui ont promis d'y servir l'année d'après, les frères servants seront tenus d'assister en corps à leur inhumation, ayant leur robe et chapron, avec six cierges fournis par la confrairie, qu'ils porteront à la main et qu'ils remporteront après les services finis.

Donneront les parents des enfants ce qui leur plaira à ladite Charité, et du luminaire fourni par lesdits parents, il en appartiendra à ladite confrairie qu'un cierge ou flambeau, suivant l'usage.

37.

Transport du corps. Service funèbre. — Seront les corps portés entre les quatre frères plus proches du porte-lumière et au milieu d'eux jusqu'en l'église en deux rangs, les chapellains devant. Arrivés en l'église, sera posé le corps devant le crucifix et luy donneront tous de l'eau bénite, le prevost et échevin les premiers, et après, de degré en degré, les autres frères. Ce fait, le curé et chapelain commenceront vigiles avec chapes, et seront allumés les cierges par les frères qui seront autour du corps, durant icelles vigiles, pourvu qu'il ne soit chanté la messe, auquel cas ne seront allumés qu'au commencement du *Libera* d'icelles vigiles et tenus allumés jusqu'à la fin de la messe.

38.

Suite du service funèbre. — A l'offertoire, les frères iront baiser la paix et à leur retour donneront de l'eau bénite sur le corps et se mettront autour d'iceluy. Le prestre qui célébrera la messe étant prest de consacrer, les frères s'en iront devant le grand autel avec leurs cierges allumés et y demeureront à genoux jusqu'après la consécration, après laquelle retourneront autour du corps.

La messe achevée, les prevost, échevin et frères donneront tous par ordre de l'eau bénite sur le corps ; ce fait, sera par les frères porté à la sépulture, où étant posé, sera tenu le drap mortuaire dessus étendu par lesdits frères jusqu'à ce que l'inhumation soit faitte, après laquelle lesdits frères éteindront leurs cierges et se retireront au bas de l'église, où ils demeureront jusqu'à la fin des sufrages de l'enterrement.

39.

AUMÔNE AUX PAUVRES. — Aussitôt que les cierges seront éteints, l'un desdits frères donnera de l'eau bénite sur le corps et s'en ira en quelque lieu commode de l'église pour faire la distribution des deux sols d'aumosne aux pauvres, selon qu'il a esté dit cy-devant; après quoy ira donner de l'eau bénite sur la fosse et reviendra avec les autres.

40.

CADAVRE RENCONTRÉ PENDANT L'ENTERREMENT. — S'il arrivait que lesdits frères portant un corps à la sépulture rencontrassent dans la voye le corps mort de quelque pauvre personne, de la vie et catolicité de laquelle ils fussent duement informés, étant requis de le porter à la sépulture, ils y seront tenus et obligés par charité. Si au retour de la sépulture, ils font pareille rencontre, ils seront tenus de porter ledit corps, en étant requis, au prochain cimetière, sans touttefois estre sujets d'attendre, et où les parents dudit pauvre voudroient qu'il fût enterré ailleurs qu'au prochain cimetière, ils n'y seront tenus ny obligés aucunement.

41.

FAUTES COMMISES DANS LE SERVICE. — A la fin de tous les enterrèmens, convoys et processions, les frères se retireront dans l'église Notre-Dame, et y entrant prendront de l'eau bénite, se mettront à genoux, rendront grâce à Dieu de lés avoir assisté; ce fait, entreront en leur chappelle, le prevost le premier, et tous les autres suivant leur rang et ordre, et là, tous assis autour de la table, comme il a esté dit cy-devant, seront enquis par le prevost si, audit convoy et depuis la dernière assemblée, aucun desdits frères ont fait ou dit quelque chose contrevenant aux règles et statuts de ladite confrairie, et le raport fait, seront punis les délinquants, par l'avis de la compagnie, selon l'exigence de la faute ; le congé étant donné par le prevost, s'en retourneront chacun chez soy.

42.

ORDRE DE MARCHE DANS LES CONVOIS ET PROCESSIONS. — A tous convoys, processions et enterremens de chapelains, frères et sœurs de ladite Charité, et en revenant d'iceux, seront portés la croix et la bannière, comme dit est, lesquels marcheront devant, précédés seulement du clocheteur avec ses clochettes, qu'il sonnera l'une après l'autre ; les prevost, échevin et frères marcheront après la croix et la bannière, chacun en son rang, et les chapelains les derniers. Et lorsque l'on portera le corps à la sépulture, les chapelains marcheront devant, précédés par le clocheteur, la croix et la bannière.

43.

FUNÉRAILLES DES PERSONNES IMMATRICULÉES. — Au regard des convoys et enterremens de ceux qui seront seulement immatriculés au livre de ladite confrairie, l'on y tiendra la mesme forme qu'à ceux des frères qui ont servi, excepté qu'il ne sera porté par ladite compagnie que quatre cierges, lesquels ne seront allumés que depuis l'arrivée du corps en l'église, et lorsqu'il y aura une messe, ils ne le seront que depuis le canon jusqu'à la fin du sacrifice.

44.

INHUMATIONS HORS LA VILLE. — Arrivant que quelqu'un de la ville et fauxbourgs fasse élection de sa sépulture dans une paroisse des champs, dans la banlieue, en laquelle le défunt e ût maison ou métairie, les frères servants seront tenus de porter le corps jusqu'au bout du fauxbourg de ladite ville.

45.

MESSE DES TRÉPASSÉS. — Après le décès de chacun frère ou sœur de ladite Charité, sera dit et célébré aux dépens d'icelle une messe basse des trépassés au grand autel de ladite église pour ledit deffunt, avec la recommandation, un *Libera*, un *De profundis* et les oraisons sur la fosse dudit défunt, s'il est enterré dans ladite église, sinon au bout du chevalot qui sera posé en ladite église, au milieu d'icelle ; à laquelle assisteront tous les treize frères, clercs et clocheteur ; et à ceux qui auront servi ou qui auront promis servir et leurs femmes immatriculées sera dit et célébré une messe haute à diacre et sous-diacre par les chaplains, et ce dans le mois du décès ou avertissement qu'en auront eu lesdits prevost et eschevin.

46.

DÉCÈS DES CONFRÈRES HABITANT LA CAMPAGNE. — Arrivant le décès des confrères et sœurs de ladite confrairie demeurant hors la ville et fauxbourgs d'Alençon, les frères ne seront tenus d'assister à leurs funérailles, attendu qu'ils ne sont tenus de se trouver aux sépultures qui se font hors l'étendue de ladite ville et fauxbourgs ; mais aussitost que l'on aura reçu nouvellé de leur décès, il sera célébré une messe à leur intention et l'on fera pour eux les mesmes prières.

47.

DROITS SUR LE LUMINAIRE. — Dans les suaires et sierges qui seront posés sur le corps des frères et sœurs de ladite Charité et grand autel, sera pris au profit de ladite confrairie un cierge ou flambeau seulement, suivant l'usage, nonobstant l'article 7 de l'union de Sainte-Croix, auquel il est dérogé pour ce regard.

48.

OBITS ET FONDATIONS. — Seront en pareil ordre que dessus célébrés les services et obits de fondations. S'il y avoit touttesfois dans le contrat d'icelles quelques clauses portant autres cérémonies, elles seront selon l'intention des fondateurs entretenues et accomplies, pourvu qu'elles ne contreviennent à la discipline ecclésiastique.

49.

FRÈRE QUITTANT LE PAYS. — S'il y avoit quelques-uns des frères ou sœurs de ladite Charité qui s'en allast en pays lointain et que, par ce moyen, il ne pût venir faire son devoir à ladite Charité, qui voulût payer les arrérages de ce qu'il devroit et trente sols pour dix années desdits arrérages, lesdits frères seroient tenus les prendre et l'échevin les recevoir et ne luy demander jamais rien, sinon qu'il revînt après les dix ans passés, et ne laisseroient d'estre toujours frères de la Charité; et s'ils venoient à mourir et que l'on en eût connoissance, seroit fait un service comme à un des autres frères et sœurs.

50.

COMMUNION RECOMMANDÉE AUX MALADES. — Seront les confrères et sœurs admis et receus en ladite confrairie tenus, lorsqu'ils tomberont malades, se confesser et communier au troisième jour de leur maladie, afin de se disposer à la volonté de Dieu, sans différer ny attendre davantage sans cause légitime, à quoy ils sont exhortés.

51.

SECOURS AUX FRÈRES MALADES ET AUX FEMMES EN COUCHES. — Sera donné et distribué aux frères et sœurs de ladite Charité qui auront bien fait leur devoir par le passé et entièrement payé ce qu'ils devoient, en cas qu'il leur arrivât quelque maladie ou accident par le moyen desquels ils soient privés de gagner leur vie, et au cas qu'ils n'eussent de quoy vivre, pour chacune semaine deux sols; et chacune femme en couche, lorsqu'elle en aura besoin et requérera ladite Charité de luy subvenir en ladite couche, aura par semaine pareille somme de deux sols qui luy sera ordonnée par le prevost par l'ores de l'échevin et frères servants, des deniers de la confrairie. Et seront lesdits deux sols donnés par l'un des frères à ceux de la ville et fauxbourgs, les autres seront tenus de les envoyer chercher.

52.

PRIÈRES PARTICULIÈRES POUR LES MORTS. — Seront tous les frères et sœurs immatriculés en ladite confrairie tenus de dire pour chacun frère ou sœur décédés, cinq fois *Pater noster* et l'*Ave maria*.

53.

DÉFAUT D'ASSISTANCE. AMENDES. — Les prevost, eschevin et frères servants qui n'assisteront aux enterrements, convoys et processions qui seront faits en cette ville et fauxbourgs, s'ils ne sont excusés, payeront pour chacune fois deux sols; s'ils n'assistent aux messes payeront aussy deux sols d'amendes, lesquelles amendes seront doubles lorsque lesdits enterrements et messes seront dits et faits pour des chapelains, frères ou sœurs qui auront servi à ladite confrairie.

54.

CAS SUSCEPTIBLES D'AMENDES. — Les amendes seront jugées avoir esté encourues aux enterrements, convoys et services, sçavoir : aux enterrements, lorsque les frères seront sortis de l'église; à la messe, lorsqu'ils ne viendront pas devant l'épitre, et à matines durant la première leçon ; si par mépris ou opiniâtreté, aucuns des frères manquent d'assister aux assemblées nécessaires de ladite confrairie, par l'avis de la compagnie y sera pourvu plus rigoureusement.

55.

BLASPHÈMES ET COLÈRE. — S'il arrivoit que quelqu'un des frères, au banc de l'assemblée ou aux services, fust si téméraire de jurer et blasphémer le nom de Dieu, de la Vierge Marie et des saints, se donnant au diable, ou par colère oster le chapron de dessus son épaule et faire quelque action indiscrette et indécente, sera tenu en reconnoissance de sa faute se prosterner à genoux, demander pardon à Dieu devant la croix qui est posée sur la table du banc, baisera icelle croix et payera quinze sols à la boëte, et en cas de refus il sera délibéré pour le faire rayer du tableau.

56.

INDISCRÉTIONS. — Si quelqu'un est si indiscret et mal avisé que de dire et révéler ce qui aura esté arresté au banc, en étant convaincu, payera pareille somme de quinze sols d'amende à la boëte.

57.

APPELS SUR AMENDES. — Nul ne sera receu à appeller des amendes ou peines auxquelles il sera condamné s'il se sent grevé, qu'il n'ait consigné dans la boëte soixante sols, lesquels demeureront au profit d'icelle si le jugement est confirmé, et s'il est infirmé, luy seront rendus lesdits soixante sols, auquel jugement sera procédé par l'ores de deux ou trois des prevosts anciens.

58.

Lesdites amendes auront tousjours lieu sans aucune modération, sinon pour les malades.

ARTICLES CONCERNANT LES CURÉ ET VICAIRE

59.

Ne seront les curé et vicaire, lorsqu'il seront chapelains, tenus de dire la messe en leur rang, ny d'assister aux convoys et processions, si ce n'est en l'église Notre-Dame, ny aux processions journallières, mais seullement aux processions généralles. Ils continueront de jouir, en leur qualité de curé et de vicaire, chacun de douze livres payables en deux termes, Noël et S' Jean, outre la rétribution qu'ils auront comme chapelains.

60.

Le curé, quand bien même il ne seroit pas inscrit sur les livres de la confrairie, ny chapelain d'icelle, sera, comme dit est article 17, appellé à touttes les délibérations et nommément à celles qui seront tenues pour la reddition des comptes, nomination et destitution des chapelains, augmentation ou diminution de leurs gages et honoraires et retenue sur iceux, ainsy qu'aux assemblées pour acceptation de fondations, messes ou services, afin que l'heure en soit tellement fixée que l'office parroissial n'en soit point interrompu, sans qu'après avoir esté invité, son absence ou refus puisse suspendre les délibérations, à l'exception néanmoins de celles dans lesquelles il pourra avoir intérêt, soit en demandant, soit en deffendant, desquelles il sera tenu de s'abstenir après avoir esté averti du sujet, à la charge qu'il n'y sera délibéré sur aucune autre matière que celles qui pourroient concerner le curé, à peine de nullité.

61.

Fixera ledit curé l'heure des inhumations des frères et sœurs qui décéderont en laditte confrairie.

OBLIGATIONS DES CHAPELAINS

62.

Les chapelains seront reçus sans payer aucuns droits ny rentes pendant qu'ils seront chapelains de laditte confrairie ; aucuns prestres néanmoins ne pourront estre admis en ladite qualité, soit de la ville ou autres, sans au préalable avoir presté serment comme les autres confrères et avoir esté inscrits sur le livre de la Charité.

63.

MESSE DE LA CHARITÉ. — La messe de la Charité sera célébrée tous les jours par un des chapelains, à sept heures du matin, et le premier vendredy de chaque mois une messe haute des trépassés avec un Libera et De profundis, sufrages et oraisons, pour les frères, sœurs et bienfaicteurs.

La messe sera précédée d'une procession autour de l'église, en dedans, durant laquelle on chantera l'hinne Veni Creator, et sera célébrée, sçavoir : le dimanche du jour, le lundy des trépassés, ie mardy du Saint Esprit, le mercredy des Anges, le jeudy du Saint Sacrement, le vendredy de la Croix, et le samedy de la Vierge, à moins que l'on ne fît à l'église l'office double ou au-dessus.

64.

Seront tenus les chapelains d'assister à tous convois, obits et processions revestus de leurs surplis, ayant sur l'épaule gauche un chaperon noir, dans le bourlet duquel il y aura une croix blanche, faire le service aux jour et feste de l'Invention et Exaltation de Sainte Croix, et dire trois messes solennelles de *Requiem* le lendemain d'icelles festes, et chanter les vigilles et messes, et de s'assembler à l'office, lorsque le prevost et en son absence l'échevin l'aura fait commander au son de la cloche. L'un des chapelains aura le soin de parer la chapelle et la faire nettoyer et prendre garde que le luminaire ne soit pas employé ailleurs qu'à ladite confrairie.

65.

AMENDES AUX CHAPELAINS. — Sera tenu l'un desdits chapelains, ou tel autre qu'il plaira au curé, vicaire ou prevost, de notter ceux des chapelains qui manqueront à leur devoir et d'en avertir le greffier, qui en rendra compte au prevost ou à l'échevin, pour que les amendes encourues soient retenues sur les gages desdits chapelains. Sera la moitié desdites amendes délivrée aux autres chapelains, le quart au chapelain chargé du raport et le reste demeurant au profit de la Charité.

Seront les chapelains jugés amendables de n'estre venus à temps aux convois, obits, processions, matines et vigiles, quand on est sorti de l'église pour aller aux convoys et processions, et quand ils ne reviendront ensuite en icelle, sinon qu'ils ayent demandé congé pour choses nécessaires ; aux vigiles, s'ils ne viennent au commencement ; à la messe, s'ils ne se trouvent à l'*Introït*; à vespres et matines, quand le premier pseaume est commencé, et quand ils se retireront de l'église avant le service fini, sans s'être excusés.

66.

En cas de contagion, peste, dissenterie, ou autres maladies contagieuses, il sera présenté aux dépens de la confrairie au curé un des chapelains aprouvé de l'évesque, pour administrer les sacrements aux malades de la confrairie, lorsque le curé et son vicaire ne le pourront faire eux-mesmes. Au cas qu'il y eût disette de prestres pour assister les pauvres de la confrairie et leur donner la sépulture, les chapelains, prevost, frères et autres nommeront trois ou quatre chapelains à cet effet.

67.

Auront les chapelains chacun vingt-sept livres par an, payables en deux termes, Noël et Saint Jean; au moyen de quoy ils ne pourront rien prendre pour leurs assistances, excepté quand ils célébreront la messe pour un des frères décédés, ce qui sera fait alternativement par eux, auquel cas le célébrant aura dix sols.

68.

Quand les chapelains négligeront de s'acquitter de leurs assistances et devoirs, ou des messes qui sont à leurs charges, outre que lesdites messes seront dittes à leurs dépens, ils payeront pour chaque faute douze deniers d'amende, et pour faute d'avoir dit ou fait dire la messe trois sols; leur sera néanmoins permis, en cas d'affaires importantes, de commettre en leur place un prestre ou un sous-diacre suivant l'exigence, avec la permission du curé ou chapelain.

69.

Si quelqu'un desdits chapelains ne vouloit se soumettre à l'accomplissement des règles et négligeroit de s'acquitter de ses devoirs, les curé, prevost et échevin pourront le condamner en plus grande amende, le déposer en cas de récidive ou de rébellion, et il en sera en l'assemblée des frères nommé un autre en sa place.

70.

Si les curé ou vicaire, lorsqu'ils seront receus chapelains, étoient trop indulgents, ou qu'eux-mêmes contrevinssent et enfraignissent lesdites règles et statuts, auparavant que de les mettre d'amende en leurdite qualité de chapelains, il s'en fera plainte par le prevost à M. l'évêque de Sées, pour estre jugée par luy ou par M. son official, ou par eux renvoyée par devant ledit prevost et échevin pour en décerner les amendes par l'avis desdits frères.

DEVOIR DES CLERCS

71.

Les deux clercs seront tenus d'assister, revestus de soutane et surplis, le chapron de la confrairie pardessus, à touttes les messes et offices, tant des vivants que des trépassés; à l'effet de quoy ils se rendront à l'église au premier coup de la cloche pour ayder à la célébration du service, iront prendre et chercher le célébrant au lieu où il aura esté revestu des vêtements sacerdotaux, et ils le précéderont à l'hotel (sic), tenant en leurs mains deux chandeliers garnis de cierges, et le reconduiront pareillement après la messe, allumeront deux flambeaux avant la consécration et les porteront à deux frères servants qui les tiendront devant l'autel pendant la consécration et les rendront ensuitte aux deux clercs, qui les éteindront.

72.

Seront tenus lesdits clercs d'avertir les frères lorsqu'il conviendra d'assister aux enterrements et de porter chacun à leur tour la croix aux processions, allumer les cierges sur l'autel, de nettoyer la chapelle de la confrairie et resserrer les ornements, de porter et raporter les cierges nécessaires aux enterrements des frères, enfin de remplir le devoir de leur charge avec humilité et modestie et d'obéir aux curé, chapelain et frères, en ce qui sera de leur devoir et fonction.

73.

Faute par les clercs de satisfaire à leur devoir, ils seront repris et même renvoyés, si le cas y écheoit, dans une assemblée des frères. Si au contraire ils s'en acquittent fidellement et qu'ils parviennent à la prêtrise, ils seront, par préférence à tous autres, receus chapelains à la première place vacante, après néanmoins qu'ils en auront esté jugés capables par les curé, vicaire, prevost et échevin ; la nomination s'en fera dans une assemblée.

74.

Au même temps que l'on allume les cierges, seront allumés sur le grand autel deux cierges par lesdits clercs et éteints à la fin du service et raportés par lesdits clercs en la chapelle de la confrairie.

DEVOIRS DU CLOCHETEUR

75.

Le clocheteur sonnera la messe de Charité, tous les dimanches et autres jours de la semaine, avec la grosse cloche à plein vol, en quelque temps que ce soit, depuis six heures et demie jusqu'à sept heures du matin, selon qu'il luy sera commandé par le prevost ou échevin, ou en leur absence par six des frères assemblés en la chapelle de la Charité.

Assistera ledit clocheteur aux processions et convoys revestu de sa tunique et chapron, avec ses clochettes.

76.

PATENOSTRES. — Sera aussy tenu touttes fois et quantes qu'il y aura quelqu'un desdits frères ou sœurs inscrits au livre de la confrairie décédé et que l'échevin luy aura commandé, d'aller, vestu de sa tunique, portant son chapron sur son épaule, par tous les carrefours de la ville d'Alençon et à chacun d'iceux sonner treize coups de ses clochettes, crier à voix lugubre et élevée : *Dittes vos prières par charité pour l'âme de N... qui est trépassé ; qu'il plaise à Dieu lui pardonner;* nommer la paroisse d'où il est et l'heure qu'il sera enterré; cela fait, il sonnera encore quelques coups de ses clochettes et ayant esté partout, il s'en retournera.

77.

L'heure étant venue d'assembler les frères, selon qu'elle aura esté donnée par l'échevin, pour faire l'enterrement, en conséquence de la fixation qui en aura esté faitte par le curé, ledit clocheteur sonnera la grosse cloche de Notre-Dame jusqu'à ce que le prevost ou échevin soit assemblé au banc, ou que six desdits frères en leur absence luy ayent commandé de cesser de tinter; à l'enterrement des chapelains, frère ou sœur servants, sonnera l'espace d'une heure ou environ ladite cloche, et pour les autres frères inmatriculés, à la discrétion du prevost ou échevin, sans que le son de ladite cloche puisse préjudicier à celuy du service ordinaire, ny interrompre en aucun cas le service parroissial.

78.

Sera aussy tenu ledit clocheteur, le soir du jour précédent que sera fait le service solennel, sonner ladite cloche à plein vol l'espace d'un quart d'heure, et pour le prevost, échevin, frères servants ou ayant servi, demie-heure ; après mettra le chevallot sur la fosse du deffunt, s'il est enterré en ladite église, et au bout le bénitier et goupillon, sinon au milieu de la nef de l'église, au bout duquel sera posé la croix et sur iceluy le drap mortuaire de ladite confrairie, l'autel paré des ornements d'icelle, avec des cierges allumés, le tout repris après le service et reporté à la chapelle de ladite confrairie.

DEVOIRS DU PORTE-BIÈRE

79.

BIÈRE. — Le porte-bière sera tenu, quand quelqu'un des frères et sœurs de ladite Charité seront décédés et que l'avertissement luy en aura esté donné par le clocheteur, de porter, sans perte de temps, la bière en la maison du deffunt pour y estre mis son corps ; cela fait, s'en revenir promptement en la chapelle retrouver les frères pour prendre et porter la bannière pour aller au convoy dudit défunt ; après l'inhumation *resserrera ladite bière en son lieu.*

Aura de chacune sépulture ledit porte-bière deux sols, sera tenu d'assister à tous convois et processions et porter la bannière.

80.

Sera (*sic*) lesdits clocheteurs et porte-bière entretenus chacun d'une tunique ou robe et chapron, chaussés en bas noirs et d'une paire de souliers tous les ans, et auront chacun douze livres par an, outre leur assistance lorsque les chapelains en auront.

Lesquels statuts et règlement cy-dessus insérés, nous avons aprouvé et autorisé, aprouvons et autorisons par ces présentes, sauf pour ce qui regarde le spirituel et le service divin à se pourvoir devant le sieur évesque de Sées, dans le cas où besoin sera ; permettons au prevost, échevin et frères de ladite confrairie d'accepter pour et au nom de la dite confrairie tous dons, aumosnes, gratifications, legs et autres dispositions qui pourront estre faites en sa faveur, en quelque sorte et manière que ce puisse estre ; confirmons, en tant que besoin, les dons, aumosnes, gratifications, legs et autres dispositions qui ont esté faittes jusqu'à présent en faveur de ladite confrairie. Si donnons en mandement à nos amés et féaux conseillers les gens tenants notre Cour de parlement à Rouen et à tous autres nos officiers en justice, etc.

(Copie aux Archives de l'Orne. G, 56.)

X

BULLE D'INDULGENCES ACCORDÉE PAR LE PAPE URBAIN VIII A
LA CHARITÉ D'AMFREVILLE-LA-CAMPAGNE (1633).

Indulgences plénières accordées à perpétuité par nostre
saint père le Pape Urbain VIII aux confrères de la confrairie
de Charité instituée, sous l'invocation de saint Nicolas et de
saint Sébastien, en la paroisse de Nostre-Dame d'Amfreville-
la-Champagne, au diocèse d'Evreux.

VRBAIN, évesque, serviteur des serviteurs de Dieu, à tous
frères chrestiens qui ces présentes lettres verront, salut et
bénédiction apostolique. Exerçant en terre la charge que nous
a commis Celuy qui pour nous a souffert mort et passion, afin
de nous ouvrir la porte céleste de paradis, nous eslargissions à
tous fidelles chrestiens les dons spirituels qu'il nous a acquis
abondamment par son précieux sang, afin qu'avec plus de zèle
et d'ardeur ils soient incitez à la religion, pietté et dévotion
envers Dieu. Or donc, comme ainsy soit, selon que nous avons
entendu, qu'il y ait une pieuse et dévote confrairie canoni-
quement constituée pour tous les fidelles chrestiens, tant de
l'un que de l'autre sexe, et de tous les estats, en l'esglize parroissialle d'Anfreville-la-Champagne, au diocèse d'Evreux,
sous l'invocation de saint Nicolas et de saint Sebastien, à la
louange de Dieu tout puissant et à l'honneur de la très glorieuse Vierge Marie ; les confrères de laquelle confrairie, nos
bien aimez enfans, ont de coustume d'exercer plusieurs œuvres de piété, et afin qu'iceux confrères qui sont de présent de
la ditte confrairie et qui seront par cy après se puissent entretenir avec plus de ferveur en l'exercice des dittes bonnes œuvres et à les exercer davantage, incitez à l'advenir d'entrer en
la ditte confrairie, et qu'icelle églize soit tenue en plus grande

révérence et vénération, nous confians et assurans sur la miséricorde de Dieu tout puissant et sur l'authorité de ses bienheureux apostres saint Pierre et saint Paul, de l'authorité apostolique, par la teneur de ces présentes, Concédons et octroyons à perpétuité à tous et chacun les fidelles chrestiens, tant de l'un que de l'autre sexe, vrayment pénitens et confessez qui, à l'advenir, entreront à la ditte confrairie, au premier jour de leur entrée et réception, s'ils ont reçu le très saint sacrement de l'Eucharistie, et aussi tant à eulx qu'aux autres confrères estant de présent d'icelle confrairie, aussi vrayment pénitens et confessez et repus de la sacrée communion, si cela se peut faire commodément, qui de cœur, s'ils ne le peuvent faire de bouche, invocqueront en l'article de leur mort le nom de Jésus ; davantage aux mesmes confrères vrays pénitens confessez et réfectionnez de la sacrée communion qui visiteront dévottement tous les ans ladite esglize le jour de la feste de la translation dudit saint Nicolas, qui a de coustume d'estre célébrée le neufiesme de may, depuis les premières vespres jusques au solleil couchant d'icelle feste, et en ce lieu là feront dévottes prières à Dieu pour l'exaltation de nostre mère sainte Esglize, extirpation des hérésies, la concorde des premiers chrestiens et pour le salut de nostre saint père le Pape, — Indulgence plénière et rémission de tous leurs péchez.

En oultre, nous octroyons auxdits confrères, étant vrayment pénitens, confessez et repus de la sacrée communion, qui visiteront tous les ans ladite esglize les festes de l'Annunciation et Nativité de la bienheureuse Vierge Marie, saint Sébastian et saint Nicolas du moys de décembre, et en ce lieu là feront prières comme ci devant est dit, à chacun jour des dittes festes, sept ans et autant de quarante jours d'indulgences.

Finallement, aux mesmes confrères, touttes et quantes foys qu'ilz auront assisté aux messes, divins services acoustumez d'estre célébrez en ladicte esglize, en la manière des confrères, ou aux processions ordinaires ou extraordinaires, ou bien aux assemblez de ladite confrairie pour exercer quelque œuvre pieuse, ou qui auront logé les pauvres pèlerins, ou bien qui

auront accompagné le très saint sacrement de l'Eucharistie
lorsque l'on le porte à quelque malade, ou bien si, à cauze de
quelque empeschement qu'ilz eussent, ilz ne pouvoient y assister, lorsqu'ilz entendront le son de la cloche, qu'ilz diront à
genoux pour ledit malade trois fois l'Oraison Dominicalle et la
Salutation Angélique, ou qui se seront reconciliez avec leurs
ennemis, ou qui auront consolé les malades ou aydé en leur
nécessité, et assisté à ensevelir les trespassez, ou qui auront
récité cinq foys laditte Oraison Dominicalle et autant de foys
la Salutation Angélique pour les âmes des confrères de laditte
confrairie décédez en la grâce de Dieu, ou auront réduit en la
voye de salut quelqu'un qui se seroit égaré, ou qui auront en-
seigné les commandemens de Dieu aux ignorans et ce qui est
nécessaire à leur salut, touttes fois et quantes qu'ilz feront
l'une de ces œuvres pieuses susdittes, Nous leur relaschons
miséricordieusement en Nostre Seigneur et à perpétuité
soixante jours de pénitences qui leur pourroient estre enjointes
ou autrement deus, en quelques manières que se pouront estre,
ces présentes estant vallables à tout jamais. Or, nous voul-
lons que si ceste confrairie est que, à l'advenir, elle fût agrégée
ou incorporée de quelque archiconfrairie, ou bien, en quelque
façon que ce soit, unie ou aultrement instituée, afin d'obtenir
et acquérir les indulgences d'icelle ou par cy après à icelle que
touttes les premiers ou touttes autres Lettres obtenues à cet
effect exécuté, les présentes ne puissent aucunement servir à
icelle, et dès lors elles demeureront nulles ; que si nous avions
octroyé ou accordé quelques autres indulgences à perpétuité
ou pour certain temps non encore du tout accomply aux dits
confrères pour la présente confrairie pour l'accomplissement
des choses susdittes ou pour quelques autres indulgences, que
les présentes soient nulles et de nulle valleur.

Donné à Rome, à Sainte Marie Majeure, l'an de l'Incarnation
de Nostre Seigneur mil six cents trente trois, ès mois de septembre, et de nostre pontificat la unziesme. Signé sur le reply
Nodor, et scellé en sceau de plomb pendant en lacs de soye
rouge et jaulne.

(Archives de la Charité d'Amfreville-la-Campagne.)

LISTE

DES

CONFRÉRIES DE CHARITÉ

SUR LESQUELLES M. VEUCLIN A RECUEILLI DES RENSEIGNEMENTS

DRESSÉE PAR ORDRE ALPHABÉTIQUE

*Avec l'indication des diocèses dont elles dépendaient avant la
Révolution, celle du département actuel, la date de leur origine
certaine ou prétendue, celle de leur réglementation, etc.*

NOTA. — Le nom de la LOCALITÉ est suivi du nom du *diocèse* ancien
et de l'initiale du département actuel (C. Calvados ; E. Eure ; M. Manche ;
O. Orne ; S.-I. Seine-Inférieure ; E.-et-L. Eure-et-Loir ; S.-et-O. Seine-
et-Oise).

A

ACON (*Evreux*, E.). — Erection : 1740.

AILLY (*Evreux*, E.). — Erection : 12 novembre 1643. (Cf. l'abbé
Lebeurier, *Notice historique sur la commune d'Ailly*, ap. *Annuaire
du département de l'Eure*, 1864, p. 9 et 36-40.) Patron : saint
Médard.

AIZIER (*Rouen*, E.). — Origine ancienne. (Cf. l'abbé Lebeurier,
Notice historique sur la commune d'Aizier, ap. *Annuaire du
département de l'Eure*, 1864, p. 57-58.)

ALENÇON (*Sées*, O.). Eglise Notre-Dame. — Erection : 1616. Les
statuts furent approuvés le 2 novembre 1616 par l'évêque de
Sées, puis homologués le 28 mars 1618 par le Parlement de
Rouen. Bulle d'indulgences du pape Paul V, février 1617. Le
29 juin 1617, la Charité s'incorpora par contrat la confrérie
de Sainte-Croix, également fondée en l'église Notre-Dame. *Cf.
supra*, Documents, IX, et *infra*, Corrections.

ALISAY (*Rouen*, E.). — Une ancienne confrérie de Saint-Germain,
érigée en 1415, fut organisée en Charité en 1628. (Cf. l'abbé
Lebeurier, *Notice historique sur la commune d'Alisay*, ap.
Annuaire du département de l'Eure, 1867, p. 114-115 et 154-159.)

ALMENÈCHES (*Sées*, O.). — Existait en 1634.

AMBENAY (*Evreux*, E.). — Confrérie du Saint Nom de Jésus transformée en Charité en 1665. (Cf. l'abbé Lebeurier, *Notice historique sur la commune d'Ambenay*, ap. *Annuaire du département de l'Eure*, 1868, p. 174-176 et 224-232.)

AMÉCOURT (*Rouen*, E.).— Statuts : 1646. (*Archives de l'Eure*, G. 1544.) Patron : saint Maur.

AMFREVILLE-LA-CAMPAGNE (*Evreux*, E.). — Statuts : 1587. (*Archives de l'Eure*, G. 1545.) Bulle d'indulgences donnée par Urbain VIII en septembre 1633, publiée *supra*, Documents, X.

AMFREVILLE-SUR-ITON (*Evreux*, E.). — Antérieure à 1684.

ANDELY (*Rouen*, E.). Eglise Notre-Dame. — Statuts : 8 janvier 1539. (*Archives de l'Eure*, G. 1551. Cf. une brochure sans titre (in-8°, 32 p.), extraite en mars 1837 du *Moniteur commercial et judiciaire de l'arrondissement des Andelys*, et contenant les *Statuts de la confrairie de charité des Andelys*.) Sous l'invocation du Saint-Esprit.

— Eglise Saint-Sauveur. — Confrérie de charité dite des Trépassés, absorbée au xviiie siècle par la confrérie du Saint-Sacrement.

APPEVILLE DIT ANNEBAUT (*Rouen*, E.). — Origine inconnue.

ARGENTAN (*Sées*, O.). Eglise Saint-Germain.— Existait déjà en 1475, sous l'invocation de la sainte Vierge et de saint Sébastien. Statuts approuvés en 1516. Un registre a été conservé (1604-1790). (Cf. E. Vimont, *Le vieil Argentan*, 1889, p. 191-194.)

— Eglise Saint-Martin. — Statuts autorisés le 20 mars 1539. Patrons : la sainte Vierge, saint Martin et saint Roch. (Cf. H. de Formeville, *Notices sur quelques Charités de la ville et de l'ancien diocèse de Lisieux et des villes de Caen, d'Argentan et de Coutances*, ap. *Bulletin de la Société des Antiquaires de Normandie*, t. IV, 1866 ; et le même, *Histoire de l'ancien évêché-comté de Lisieux* (1873), t. 1er, p. cccxiij-cccxjv.)

AUBE (*Evreux*, O.). — Origine ancienne.

AUMALE (*Rouen*, S.-I.). — Charité.

AUTHEUIL (*Evreux*, E.). — Erigée en 1618.

AUTHOU (*Lisieux*, E.). — Existait au xviiie siècle.

AUVILLARS (*Lisieux*, C.). — Transformée en 1781 en confrérie du Rosaire.

AUZOUVILLE-L'ESNEVAL (*Rouen*, S.-I.). — Erigée vers 1691.

B

BACQUEVILLE (*Rouen*, E.). — 1600.

BARRE (LA) (*Evreux*, E.). — Existait au XVIIe siècle. Armoiries dans l'Armorial de d'Hozier, figurées par R. Bordeaux. (*Les armoiries des corporations d'arts et métiers d'Evreux et des villes et pays d'alentour*, 1864, pl. 21.)

BARVILLE (*Sées*, O.). — Existait au XVIIIe siècle. (Cf. *Règlement de la Charité de Notre-Dame de Barville*. Montligeon, 1890, in-8°.)

BAYEUX (*Bayeux*, C.). Eglise Saint-Malo. — Date la plus ancienne constatée, 1466.

— Eglise Saint-Patrice. — Date la plus ancienne constatée : 1469.

BAZOCHES-SUR-HOËNE (*Sées*, O.). — Réorganisée vers 1610.

BEAUBEC-LA-VILLE (*Rouen*; aujourd'hui Beaubec-la-Rosière, S.-I.). — Erigée en 1681.

BEAUMESNIL (*Evreux*, E.). — 1604.

BEAUMONT-EN-AUGE (*Lisieux*, C.). — Existait au XVIIe siècle.

BEAUMONT-LE-ROGER (*Evreux*, E.). — Des chaperons faits il y a une cinquantaine d'années portent la date 812 ! Cette Charité n'a plus qu'un registre commencé en 1736, et les archives de l'Eure ne possèdent pas à son sujet de documents antérieurs au XVIIe siècle. Patronne : sainte Madeleine.

BEC-HELLOUIN (LE) (*Rouen*, E.). — Elle dit avoir été fondée vers 1258. En 1391, elle reçut des lettres d'affiliation au couvent des frères prêcheurs de Rouen. (*Archives de l'Eure*, G. 1561.) Patrons : la sainte Vierge, saints Jean-Baptiste, Laurent, Sébastien, Crépin et Crépinien.

BELLEAU (*Lisieux*, C.). — Antérieure à 1693.

BELLEFOSSE (*Rouen*; aujourd'hui commune d'Allouville-Bellefosse, S.-I.). — Réorganisée en novembre 1725. Statuts aux Archives de la S.-I. (G, 4987). Patrons : la sainte Vierge, saint Sébastien et saint Adrien.

BELLÊME (*Sées*, O.). Eglise Saint-Pierre. — Erigée à la fin du XVe siècle. Armoiries dans l'*Armorial* de d'Hozier.

BÉNÉCOURT (*Evreux*, E.). — Erigée en 1821.

BERNAY (*Lisieux*, E.). Eglise Sainte-Croix. — Origine prétendue, 1040. Les statuts sont de 1397 ; ils furent autorisés par l'évêque de Lisieux, Guillaume d'Estouteville, le 10 décembre 1400, et confirmés la même année par lettres patentes de Charles VI.

Armoiries dans l'*Armorial* de d'Hozier, figurées par R. Bordeaux. (*Les armoiries des corporations d'arts et métiers d'Evreux et des villes et pays d'alentour*, 1864, pl. 22.) (Cf. *Mémoires et notes de M. Auguste Le Prevost pour servir à l'histoire du département de l'Eure*, t. Ier, p. 304-305.)

— Eglise Notre-Dame de la Couture. — Statuts, 1398. Le registre d'inscription de cette Charité est aujourd'hui conservé dans les archives de la fabrique : il remonte à l'année même de la fondation. Armoiries dans l'*Armorial* de d'Hozier, figurées par R. Bordeaux (*op. cit.*, pl. 22). L'église de la Couture était lieu de pèlerinage pour les Charités des environs, qui s'y rendaient processionnellement le jour de l'Annonciation et le lundi de la Pentecôte. (Cf. Sainte-Marie Mévil, *Chartes de la Charité de Notre-Dame de la Couture et documents relatifs à l'histoire de Bernay*, 1855. Extrait de la *Bibliothèque de l'Ecole des Chartes*, 4e sér., t. I, 1854; — *Mémoires et notes de M. Auguste Le Prevost pour servir à l'histoire du département de l'Eure*, t. Ier, p. 306-312 ; — L. Boivin-Champeaux, *Le matrologue de la Charité de Notre-Dame de la Couture de Bernay*, 1889. Extrait de l'*Annuaire normand*. 1889.)

— Hôtel-Dieu. — 12 mars 1411. Armoiries dans l'*Armorial* de d'Hozier.

— Couvent des Cordeliers. — Erigée vers 1396. Armoiries dans l'*Armorial* de d'Hozier. (Cf. un article de M. Veuclin dans le *Bernayen* des 5 et 12 août 1882, et l'abbé Porée, *Le Registre de la Charité des Cordeliers de Bernay*, 1887 (extrait du *Bulletin de la Société de l'histoire de Normandie*). Ce registre appartient à Mlle Boudin-Blondel, de Bernay.)

BERTHENONVILLE (*Rouen*. E). — 1821.

BERVILLE-SUR-MER (*Lisieux*, E). — 1657.

BEUZEVILLE (*Lisieux*, E.). — Antérieure au milieu du XVIIe siècle.

BLANGY (*Lisieux*, C,). — Antérieure au milieu du XVIIIe siècle.

BLARU (*Evreux*, S.-et-O.). — Antérieure à 1503.

BOIS-HÉROULT (*Rouen*, S.-I.). — Antérieure à 1653.

BOISSET-LES-PRÉVANCHES (*Evreux*, E.). — 1663.

BOISSEY-LE-CHATEL (*Rouen*, E.). — Charité d'origine ancienne, transformée en confrérie du Rosaire en 1663. Patron de la Charité : saint Jean Evangéliste.

BOISSY-LAMBERVILLE (*Lisieux*, E.). — Origine ancienne. La *Chambrette* de cette Charité est une construction du XVIe siècle, placée dans le cimetière.

BOITRON (*Sées*, O.). — Charité.

BONSMOULINS (*Sées*, O.). — Antérieure à 1727.

BONNEVILLE (LA) (*Evreux*, E.). — 1458.

BONNEVILLE-LA-LOUVET (*Lisieux*, C.). — Antérieure à 1728

BONNEVILLE-SUR-LE-BEC (*Rouen*; aujourd'hui Bonneville-Aptot, E.).
— Antérieure à la Révolution.

BOSC-EDELINE (LE) (*Rouen*, S.-I.). — Fondée, dit la tradition, par la
reine Blanche de Castille. Statuts renouvelés en 1634, les statuts primitifs ayant été perdus dans les guerres.

BOSC-ROGER-EN-ROUMOIS (*Rouen*, E.). — Antérieure à 1641.

BOSGOURT (*Rouen*, E.). — Vers 1621.

BOSROBERT (LE) (*Rouen*, E.). — Antérieure à la Révolution.

BOUAFLES (*Rouen*, E.). — Dissoute il y a peu d'années. Patron : saint
Blaise.

BOUCÉ (*Sées*, O.). — Erigée en 1611.

BOUELLES (*Rouen*, S.-I.). — 1561. Statuts à la Bibliothèque nationale
(ms. lat. 2209).

BOUQUETOT (*Rouen*, E.). — Antérieure à 1671. Existe encore.

BOURDAINVILLE (*Rouen*, S.-I.). — Statuts, 28 décembre 1579.

BOURG-ACHARD (*Rouen*, E.). — En 1427, cette Charité était affiliée aux
Dominicains de Rouen. Réorganisée en 1487, sous le patro-
nage de saint Eustache, de saint Lô et de saint Sébastien.
Statuts approuvés en 1551. (Cf. Duchemin, *Histoire de Bourg-
Achard*, 1890, p. 360-381.) Un arrêt du Parlement de Rouen
reconnut en 1688 que la Charité de Brestot était d'origine plus
ancienne que celle de Bourg-Achard. (Mme Philippe-Lemaitre,
Notice sur Brestot.) Existe encore.

BOURGEAUVILLE (*Lisieux*, C.). — Erection en 1694 de la confrérie
de charité du Rosaire. Douze frères portant le chaperon et
le cierge et accompagnant le saint viatique.

BOURGTHEROULDE (*Rouen*, E.). — Fondée en 1635. N'existe plus. (Cf.
Duchemin, *Histoire de Bourgtheroulde et de sa collégiale*, 1888,
p. 245-250.)

BOURTH (*Evreux*, E.). — 1493.

BRADIANCOURT (*Rouen*, S.-I.). — Erection : 11 novembre 1701.

BRESTOT (*Rouen*, E.). — Règlement de 1340, mais origine plus
ancienne. Ce règlement fut renouvelé en 1658. Bulle d'Urbain VIII, du 20 janvier 1631. (Cf. Mme Philippe-Lemaitre,
Notice sur la commune de Brestot, ap. *Bulletin monumental*, 1854,
p. 634-642.)

BRETEUIL (*Evreux*, E.). — Antérieure à 1596.

BRETONCELLES (*Chartres*, O.). — Armoiries de la Charité dans l'*Armorial* de d'Hozier.

BREUX (*Evreux*, E.). — Antérieure à 1514. Statuts renouvelés, approuvés par l'évêque d'Evreux le 12 août 1650. (*Arch. de l'Eure*, G. 1595.)

BREZOLLES (*Chartres*, E.-et-L.). — Armoiries de la Charité dans l'*Armorial* de d'Hozier.

BRIONNE (*Rouen*, E.). — Statuts approuvés le 22 août 1478 par le cardinal d'Estouteville, archevêque de Rouen. Charité formée de la réunion de cinq confréries, celles de la Trinité, du Saint-Sacrement, de Notre-Dame, de Saint-Nicolas, de Sainte-Catherine et de Saint-Martin, confréries qui, sauf la dernière, s'étaient trouvées éteintes par suite de la guerre de Cent ans (Arch. de la Charité).

BROGLIE (*Lisieux*, E.; autrefois Chambrais). — Origine prétendue, 1014. Armoiries dans l'*Armorial* de d'Hozier. (Cf. E. Veuclin, *Glanes historiques sur le canton de Broglie*, 1890, p. 3.)

C

CAEN (*Bayeux*, C.). Couvent des Cordeliers. — Charité sous le patronage de saint Hildevert. N'existait plus en 1727.

— Eglise paroissiale de Saint-Etienne-le-Vieux. — Approbation des statuts, 30 juillet 1449. Patron : saint Etienne.

— Couvent des Frères-Prêcheurs. — Erection, 1450. Statuts, 29 novembre 1536. Patrons : saint Jacques et saint Christophe. N'existait plus en 1727.

— Eglise paroissiale de Saint-Gilles. — Approbation des statuts, 8 juillet 1488.

— Eglise paroissiale de Saint-Jean. — Fondation prétendue, 29 avril 1449. M. E. de Baurepaire dit que cette Charité paraît postérieure à 1505. (*Le matrologue de la Charité de la Très Sainte Trinité*, ap. *Bulletin de la Société des Antiquaires de Normandie.*, t. XIII, 1885, p. 297.)

— Eglise paroissiale de Saint-Julien. — Statuts renouvelés en 1617, les statuts primitifs ayant été perdus dans les guerres.

— Eglise paroissiale de Saint-Martin. — Approbation des statuts, 31 mai 1486.

— Eglise paroissiale de Saint-Michel de Vaucelles. — Approbation des statuts primitifs, 16 juillet 1440. Ces statuts furent augmentés et considérablement modifiés le 15 janvier 1515, puis complètement renouvelés le 25 mars 1625. Ils subirent de nouvelles additions le 24 septembre 1652, et la rédaction ainsi obtenue fut imprimée à Caen, chez G. Le Roy, à la fin du xviiᵉ siècle (in-4°, 20 p.). Enfin, une nouvelle suite du règlement, portant la date du 28 mai 1772, fut également imprimée (in-4°, 16 p., s. n. n. d.). Patron : saint Michel (Cf. E. de Beaurepaire, *Les fresques de Saint-Michel de Vaucelles*, 1884; extrait du *Bulletin de la Société des Antiquaires de Normandie*, t. XII, 1884.)

— Eglise paroissiale de Saint-Nicolas. — Approbation des statuts, 12 juin 1452. Cette Charité a laissé un matrologue commencé en 1487 (Arch. du Calvados). (Cf. G. Bouet, *Analyse architecturale de l'abbaye de Saint-Etienne de Caen*, 1868, p. 204, note).

— Eglise paroissiale de Notre-Dame de Froide-Rue. — Approbation des statuts, 20 mai 1443. Patron : saint Eustache.

— Eglise conventuelle de Notre-Dame des Carmes. — Approbation des statuts, 21 avril 1449. Bulle d'indulgences des calendes de juillet 1634; original en parchemin, avec sceau en plomb, aux archives du Calvados. Statuts et bulle ont été imprimés (in-4°, 8 p., s. n. n. d.) : un exemplaire existe également aux archives du Calvados. Cette Charité s'était placée sous l'invocation de la Sainte Trinité. (Cf. E. de Beaurepaire, *Le matrologue de la Charité de la Très sainte Trinité*, ap. *Bulletin de la Société des Antiquaires de Normandie*, t. XIII, 1885, p. 291-334, — travail qui renferme, en outre, de curieux détails sur toutes les autres Charités caennaises.)

— Eglise paroissiale de Saint-Ouen. — Approbation des statuts, 2 septembre 1493.

— Eglise paroissiale de Saint-Pierre. — Bulle papale d'approbation, 1600. Patron : saint Sébastien.

— Eglise paroissiale de Saint-Sauveur du Marché. — Approbation des statuts, 27 avril 1480.

— Eglise collégiale du Saint-Sépulcre. — Approbation des statuts, 21 juin 1495.

CAILLOUET (*Evreux*; aujourd'hui Caillouet-Orgeville, E.). — Charité.

CANAPPEVILLE (*Evreux*, E.). — Charité.

CAPELLES-LES-GRANDS (*Lisieux*, E.). — 1564 : Charité dite confrérie du Saint-Sacrement.

CARROUGES (*Sées*, O.). — 23 juillet 1663. Patronne : sainte Marguerite.

CARSIX (*Lisieux*, E.). — Armoiries de la Charité dans l'*Armorial* de d'Hozier, figurées par R. Bordeaux. (*Les armoiries des corporations d'arts et métiers d'Evreux et des villes et pays d'alentour*, 1864, pl. 21.)

CATELON (*Rouen;* aujourd'hui commune de Flancourt, E.). — Antérieure à 1690.

CAUDEBEC-LEZ-ELBEUF (*Evreux*, S.-I.). — 1509. Réorganisée en 1740 et favorisée en 1745 d'une bulle d'indulgences de Benoît XIII.

CAUMONT (*Rouen*, E.). — Statuts, 1678 et 1722. Patron : saint Éloi (Cf. le comte A. des Maisons, *Essai sur la Charité de Caumont*, 1888.)

CHAILLOUÉ (*Sées*, O.). — Fondée en 1457. (Cf. Paul Prébois, *Notice sur la Charité de Chailloué*, ap. *Annuaire normand*, 1890, p. 188-193.)

CHAMBORD (*Evreux*, E.). — 1515.

CHAMBRAIS. Voyez Broglie.

CHAMPCERIE (*Sées*, O.). — 18 septembre 1646.

CHAPELLE-GAUTIER (LA) (*Lisieux*, E.). — Armoiries de la Charité dans l'*Armorial* de d'Hozier.

CHAPELLE-RÉANVILLE (LA) (*Evreux*, E.). — Charité.

CHENILLY (*Sées*, O.). — Bulle d'indulgences, 1609. Patron : saint Sébastien. Armoiries dans l'*Armorial* de d'Hozier.

CHENNEBRUN (*Evreux*, E.). — Fondation, 1493. Les statuts de cette Charité sont publiés *supra*, VI. Voyez aussi *infra*, Corrections.

CHESNE (LE) (*Evreux*, E.). — Erection, 6 mai 1545.

COULIMER (*Sées*, O.). — 29 juin 1569.

COLLETOT (*Rouen*, E.). — Antérieure à 1648.

CONCHES (*Evreux*, E.). Église Sainte-Foy. — 1408. D'après M. Gardin (*Notice historique sur la ville de Conches*), les registres de cette Charité seraient entre les mains de la Charité de Sainte-Marthe. Le blason brodé sur les chaperons de la Charité de Sainte-Foy de Conches, omis par d'Hozier, a été figuré par R. Bordeaux. (*Les armoiries des corporations d'arts et métiers d'Evreux et des villes et pays d'alentour*, 1864, pl. 24.)

— Église de Notre-Dame du Val. — Antérieure à 1688. Les registres de cette Charité sont aujourd'hui, d'après M. Gardin (*Notice historique sur la ville de Conches*, p. 74), entre les mains de la Charité de Sainte-Foy.

CONDÉ-SUR-ITON (*Evreux*, E.). — Statuts, 11 novembre 1541. Armoiries dans l'*Armorial* de d'Hozier.

CONDÉ-SUR-RISLE (*Lisieux*, E.). — Statuts du 12 juin 1650, mais origine antérieure. (Cf. V. Advielle, *Notices sur les communes de Condé, Saint-Paul-sur-Risle, le Theillement*, 1872, p. 53-65.)

CORMEILLES (*Lisieux*, E.). — Charité.

CORNEUIL (*Evreux*, E.). — Antérieure à la Révolution.

CORNEVILLE-LA-FOUQUETIÈRE (*Evreux*, E.). — Érigée en 1807.

COULONCES (*Bayeux*, C.). — Antérieure à la Révolution.

COURBÉPINE (*Lisieux*, E.). — 1404. Dans un inventaire de 1727-
1728, on mentionne « la bulle, avec la confirmation, à laquelle
il y a un cachet de plomb tenant avec un cordon rouge ».
Patrons : saint Martin et sainte Catherine. Armoiries dans
l'*Armorial* de d'Hozier.

COURGEON (*Sées*, O.). — Vers 1620. Bulle d'indulgences de la même
époque.

COURGEOUT (*Sées*, O.). — Vers 1624. Bulle d'indulgences de la même
époque. Patron : saint Sébastien. Armoiries dans l'*Armorial*
de d'Hozier.

COURTOMER (*Sées*, O.). — Bulle d'indulgences de 1683. Règlement
refait en 1727.

COUTANCES (*Coutances*, M.) Eglise Saint-Nicolas. — 6 mars 1538,
érection d'une Charité, dite de l'Annonciation de la Vierge,
en remplacement de confréries plus anciennes. (Cf. H. de Formeville, *Notice sur quelques Charités de l'ancien diocèse et de la
ville de Lisieux et des villes de Caen, d'Argentan et de Coutances*,
ap. *Bulletin de la Société des Antiquaires de Normandie*, t. IV,
1866, et le même, *Histoire de l'ancien évêché-comté de Lisieux*,
t. 1er, p. cccxjv-cccxv.)

COUTURE (LA) (*Evreux;* aujourd'hui la Couture-Boussey, E.). — Existait dès le milieu du xvie siècle.

CRASVILLE (*Evreux*, E.). — Antérieure à 1701.

CRIQUEBEUF-SUR-SEINE (*Evreux*, E.). — Charité sous l'invocation
de la sainte Vierge, ayant succédé à une confrérie de Saint-
Michel. Statuts renouvelés le 19 août an II. (Cf. H. Saint-
Denis et P. Duchemin, *Notices sur les communes des environs
d'Elbeuf*, IV. *Criquebeuf-sur-Seine*, 1885, p. 156-162.)

CRIQUETOT-SUR-OUVILLE (*Rouen*, S.-I.). — Sous l'un des cardinaux
d'Amboise, fusion de trois anciennes confréries en une Charité. Statuts rédigés à la même époque.

D

DAMPMESNIL (*Rouen*, E.). — Charité.

DAMVILLE (*Evreux*, E.). — Statuts approuvés le 12 octobre 1498 par
Raoul du Fou, évêque d'Evreux. (Cf. Ange Petit, *Notes historiques sur l'origine, les seigneurs, le fief et le bourg de Damville*,
1859, p. 61-62 et 96-111.)

DAUBEUF-LA-CAMPAGNE (*Evreux*, E.). — Antérieure à 1676.

DEAUVILLE (*Lisieux*, C.). — 1498. Les antiques avaient, dans de certaines conditions, le droit de prendre le titre d'antiques honoraires.

DRUCOURT (*Lisieux*, E.). — Patron de la Charité : saint Robert.

DRUVAL (*Lisieux*, C.). — Lettres d'érection, 17 juillet 1731.

E

ECORCEI (*Evreux*, O.). — Origine prétendue, 1020. Patron : saint Michel.

ECOUCHÉ (*Sées*, O.). — 1450. Charité sous l'invocation de la sainte Vierge.

EMANVILLE (*Evreux*, E.). — Erection, 2 juin 1633. Patron : saint Etienne. Armoiries dans l'*Armorial* de d'Hozier.

EPREVILLE-EN-ROUMOIS (*Rouen*, E.). — Statuts approuvés en 1537. (Cf. Duchemin, *Histoire de Bourg-Achard*, p. 365-367.) Un arrêt du Parlement de Rouen, de 1688, reconnut que la Charité de Brestot était d'origine plus ancienne que celle d'Epreville. (Mme Philippe-Lemaître, *Notice sur Brestot*.)

ESCOVILLE (*Bayeux*, C.). — Charité.

ESSAI (*Sées*, O.). — Armoiries de la Charité dans l'*Armorial* de d'Hozier.

ETREVILLE-EN-ROUMOIS (*Rouen*, E.). — Antérieure à 1581. Cette Charité eut un différend en 1687 avec celle de Brestot. (Cf. Mme Philippe-Lemaître, *Notice sur la commune de Brestot*, ap. *Bulletin monumental*, 1854, p. 661.)

ETURQUERAYE (*Rouen*, E.). — En 1688, un arrêt du Parlement de Rouen reconnut que la Charité de Brestot était d'origine plus ancienne que celle d'Eturqueraye. (Mme Philippe-Lemaître, *Notice sur Brestot*.)

EVREUX (*Evreux*, E.). — Les statuts de cette Charité, approuvés en 1421, sont publiés *supra*, III. (Cf. A. Chassant, *Fondation en faveur des criminels condamnés à mort par le présidial d'Evreux*, ap. *Almanach-Annuaire de l'Eure*, 1859, p. 72-73 ; — le même, *Fondation d'un repas en faveur des criminels détenus dans les prisons d'Evreux* (xvie siècle), ap. *Almanach-Annuaire de l'Eure*, 1860, p. 70-71 ; — le même, *Sauf-conduit accordé aux frères de la Charité d'Evreux pendant les guerres de la Ligue* (1593), ap. *Almanach-Annuaire de l'Eure*, 1862, p. 71-72 ; — G. Bourbon,

Georgette Le Gras et les anciens usages de la Charité d'Evreux, ap. *Almanach-Annuaire de l'Eure*, 1888, p. 107-108, etc.)

EXMES (*Sées*, O.). — Antérieure à 1762.

F

FALAISE (*Sées*, C.). Eglise Saint-Gervais. — Erection, 1464. Statuts approuvés en 1471, publiés *supra*, VI. (Voyez aussi *infra*, Corrections.) Bulle d'indulgences papale du 13 septembre 1690 : copie aux archives du Calvados. Patrons : saint Jacques et saint Christophe. Eteinte il y a environ trente-cinq ans.

— Eglise de la Trinité. — XVIII° siècle.

— Eglise de Notre-Dame de Guibray. — Antérieure à 1691.

FALLENCOURT (*Rouen*, S.-I.). — Erigée sous le cardinal de Joyeuse, archevêque de Rouen de 1604 à 1615.

FERRIÈRE-SUR-RISLE (LA) (*Evreux*, E.). — Statuts du 23 avril 1484, approuvés par Raoul du Fou, évêque d'Evreux, le 3 septembre 1488, renouvelés vers 1622. Armoiries dans l'*Armorial* de d'Hozier.

FERTÉ-FRESNEL (LA) (*Evreux*, O.). — 1450. Armoiries dans l'*Armorial* de d'Hozier.

FERVAQUES (*Lisieux*, C.). — Antérieure à 1629.

FOLLEVILLE (*Lisieux*, E.). — Armoiries de la Charité dans l'*Armorial* de d'Hozier.

FONTAINE-L'ABBÉ (*Evreux*, E.). — Erigée depuis le Concordat.

FOURGES (*Rouen*, E.). — Charité encore existante.

FOURMETOT (*Rouen*, E.). — Existait avant 1642. Un arrêt du Parlement de Rouen, de 1688, reconnut que la Charité de Brestot était d'origine plus ancienne que celle de Fourmetot. (Mme Philippe-Lemaitre, *Notice sur Brestot*.)

FRIARDEL (*Lisieux*, C.). — Confrérie, dite du Saint-Sacrement, ayant pour mission d'inhumer les morts de la paroisse, érigée le 27 juin 1658. Bulle d'indulgences octroyée en 1678.

G

GARENNES (*Evreux*, E.). — Antérieure à 1676.

GENAINVILLE (*Rouen*, S.-et-O.). — Charité encore existante. Patron : saint Pierre.

GENNEVILLE (*Lisieux*, C.). — Antérieure à 1765.

GISAY-LA-COUDRE (*Evreux*, E.). — Erigée en 1852.

GISORS (*Rouen*, E.). — Une confrérie de charité aurait été fondée à Gisors en 1527, d'après un manuscrit de la première moitié du xvıııᵉ siècle, intitulé : *Remarques sur l'histoire et antiquité de Gisors*, et appartenant à M. Louis Passy. La confrérie du Saint-Sacrement, qui naguère encore se chargeait du soin de porter les morts à leur dernière demeure, fut fondée en 1750, en vertu d'un bref du pape Benoît XIV. (Hersan, *Histoire de la ville de Gisors*, 1858, p. 229.)

GIVERVILLE (*Lisieux*, E.). — Existait, paraît-il, en 1430. Statuts approuvés le 11 mai 1531. (*Archives de l'Eure*, G. 1642.)

GOUPILLIÈRES (*Evreux*, E.). — Armoiries de la Charité dans l'*Armorial* de d'Hozier, figurées par R. Bordeaux dans *Les armoiries des corporations d'arts et métiers d'Evreux et des villes et pays d'alentour*, 1864, pl. 24.

GOUPILLIÈRES (*Rouen*, S.-I.). — 1656.

GRÉMONVILLE (*Rouen*, S.-I.). — Statuts, 1612.

GROS-THEIL (LE) (*Rouen*, E.). — Statuts rédigés pendant l'épiscopat du cardinal de Joyeuse, archevêque de Rouen de 1604 à 1615. (*Archives de l'Eure*, G. 1643.) Bulle d'indulgences de Paul V, 1614.

GUIBRAY. Voyez Falaise.

GUICHAINVILLE (*Evreux*, E.). — Fondation, 1643. Statuts approuvés par l'évêque d'Evreux en 1645. Réorganisation le 20 janvier 1715.

H

HAIE-DE-CALLEVILLE (LA) (*Evreux*, E.). — Antérieure à la Révolution.

HAIE-DE-ROUTOT (LA) (*Rouen*, E.). — Statuts, 28 mai 1544.

HARCOURT (*Evreux*, E.). — 26 août 1412. Statuts, 1581, refaits en 1820. Bulle d'indulgences octroyée par Paul V, publiée en 1609.

HAUVILLE (*Rouen*, E.). — Cette Charité, qui existe encore, affirme avoir été fondée en 1308. Les premiers documents authentiques la concernant datent de 1410. Statuts renouvelés en 1619. Patrons : saint Paterne et saint Sébastien. (Cf. H. Saint-Denis et P. Duchemin, *Notices sur les communes de l'arrondissement de Pont-Audemer*. I, *Hauville*, 1885, p. 197-203 ; et P. Duchemin, *Histoire de Bourg-Achard*, p. 364-365.)

HAVRE (LE) (*Rouen*, S.-L.). Eglise paroissiale de Notre-Dame. — Existait au xviiie siècle. Registres aux archives municipales du Havre, GG, cart. 4, liasse 3.

— Eglise conventuelle de Saint-Sauveur des Capucins. — Existait aussi au xviiie siècle. Elle a également laissé des registres aux archives municipales.

HÉBERTOT (*Lisieux*; aujourd'hui Saint-André d'Hébertot, C.). — Antérieure à la Révolution.

HECTOMARE (*Evreux*, E.). — Antérieure à 1678. Armoiries dans l'*Armorial* de d'Hozier.

HENNEZIS (*Rouen*, E.). — 1604, statuts d'établissement, approuvés en 1606 par l'archevêque de Rouen. (*Archives de l'Eure*, G. 1675.)

HERMIVAL (*Lisieux*, C.). — Antérieure à 1756.

HEUDEBOUVILLE (*Evreux*, E.). — Antérieure à 1710.

HEUDREVILLE-SUR-EURE (*Evreux*, E.). — Charité.

HEUGON (*Lisieux*, O.). — Bulle accordée par l'évêque de Lisieux le 11 décembre 1669 : pièce mentionnée dans un inventaire de 1764.

HOGUES (LES) (*Rouen*, E.). — Existait au xviiie siècle. Registre commençant en 1758. (*Arch. par.*)

HONFLEUR (*Lisieux*, C.). Eglise Saint-Léonard. — 27 mai 1524, première date inscrite dans le matrologe conservé aux arch. par.

HOTELLERIE (L') (*Lisieux*, C.). — Patron de la Charité : saint Roch.

I

ILLEVILLE (*Rouen*, E.). — Origine inconnue. Rétablie en 1807.

INFREVILLE (*Rouen*, E.). — Antérieure à 1773.

IVRY-LA-BATAILLE (*Evreux*, E.). — Antérieure à 1774.

J

JONQUERETS (LES) (*Evreux*; aujourd'hui les Jonquerets-de-Livet, E.). — La confrérie du Saint-Nom de Jésus, érigée en cette paroisse, resta sans roi de 1748 à 1752, et les comptes ne furent pas rendus. Ce fut alors qu'elle se transforma en Charité.

JOUÉ-DU-PLAIN (*Sées*, O.). — Origine antérieure à 1585. Règlement du 14 avril 1770.

L

LAIGLE (*Evreux*, O.). Eglise saint Martin. — 1423. Statuts rédigés en 1479. Registre commencé la même année. Patron : saint Porcien.

LALEU (*Sées*, O.). — Armoiries de la Charité dans l'*Armorial* de d'Hozier.

LANDEPEREUSE (*Evreux*, E.). — 1082, origine prétendue. Cette Charité est certainement antérieure au xviiᵉ siècle. Patron : saint Martin. Armoiries dans l'*Armorial* de d'Hozier.

LANDE-VAUMONT (LA) (*Bayeux*, C.). — Antérieure à la Révolution.

LIMPIVILLE (*Rouen*, S.-I.). — 1608, érection et statuts.

LISIEUX (*Lisieux*, C.). Eglise cathédrale de Saint-Pierre. — Origine prétendue, 1055. Un titre de 1666, conservé aux Archives du Calvados, dit que la Charité de l'église cathédrale de Lisieux était considérée comme la plus ancienne du diocèse, ayant été fondée dès le temps du transport miraculeux des reliques de saint Ursin, par les soins de Hugues, évêque de Lisieux, neveu de Richard II, duc de Normandie, vers l'an 1055, à la prière des habitants de la ville et de la banlieue. Première date authentique : 1406.

— Eglise paroissiale de Saint-Jacques. — Approbation des statuts, 25 août 1442. Patrons : la Vierge, saint Jacques, saint Christophe, saint Michel, saint Fabien, saint Sébastien, saint Mathurin et saint Maur. (Cf. le journal *le Normand*, numéro du 18 août 1866 ; — H. de Formeville, *Notice sur quelques Charités de la ville et de l'ancien diocèse de Lisieux et des villes de Caen, d'Argentan et de Coutances*, ap. *Bulletin de la Société des Antiquaires de Normandie*, t. IV, 1866, p. 531-533 ; — et le même, *Histoire de l'ancien évêché-comté de Lisieux*, t. Iᵉʳ, 1873, p. cccv-cccvij.)

— Eglise paroissiale de Saint-Germain. — Erection, 1ᵉʳ avril 1448. Patrons : la Vierge, saint Germain, saint Fabien et saint Sébastien. (Cf. H. de Formeville, *Notice sur quelques Charités de la ville et de l'ancien diocèse de Lisieux*, ap. *Bulletin de la Société des Antiquaires de Normandie*, t. IV, p. 535-536 ; — le même, *Histoire de l'ancien évêché-comté de Lisieux*, t. Iᵉʳ, p. cccvij-cccviij.)

— Eglise paroissiale de Saint-Désir. — Fondation, 1436. La

charte de fondation existe encore dans les archives de la
fabrique, ainsi qu'un curieux registre ou Majesté. Patrons : la
Trinité, la Vierge, saint Désir et saint Eutrope. (Cf. H. de Formeville, *Notice sur quelques Charités de la ville et de l'ancien diocèse de Lisieux*, ap. *Bulletin de la Société des Antiquaires de
Normandie*, t. IV, p. 529-531 ; et le même, *Histoire de l'ancien
évêché-comté de Lisieux*, t. Ier, p. ccciij-cccjv.)

— Hôtel-Dieu. — 1447.

— Léproserie de Saint-Clair. — Antérieure à 1608.

Lisons (*Rouen*, E.). — Charité.

Loisé (*Sées;* aujourd'hui commune de Mortagne, O.). — Charité
érigée vers 1604, sous le patronage de saint Germain, et réunie
le 18 janvier 1759 à une confrérie de Saint-Roch.

Londe (la) (*Rouen*, S.-I.). — Statuts de 1668, approuvés le 28 septembre 1669. (Cf. *La Londe et son marquisat*, par H. Saint-Denis,
1890, p. 217-222.)

Longny (*Chartres*, O.). — Statuts, 1488.

Louviers (*Evreux*, E.). Eglise Notre-Dame. — Statuts de fondation
approuvés le 7 juin 1430, publiés *supra*, IV. (Cf. Th. Bonnin,
Cartulaire de Louviers, Documents, t. II, 2e part., 1877, p. 257-
262; — Lucien Barbe, *Notice historique et statistique sur les
différents services administratifs de la ville de Louviers*, 1878,
p. 36-38; — Léopold Marcel, *Les rues de Louviers*, 1881, p. 202-
204.)

— Eglise Saint-Germain. — Bulle de Martin V, du 31 octobre 1424.

Lyons-la-Forêt (*Rouen*, E.). — Antérieure à 1736.

M

Magny-en-Vexin (*Rouen*, S.-et-O.). — Statuts, 1624. Patron :
saint Roch.

Malleville-sur-le-Bec (*Rouen*, E.). — 1605, fondation et statuts.

Manerbe (*Lisieux*, C.). — Dans l'église, épitaphe d'un chapelain de
la Charité mort en 1675 (Cf. A. de Caumont, *Statistique
monumentale du Calvados*, t. IV, p. 463.)

Manneville-ès-Plains (*Rouen*, S.-I.). — 1416.

Manneville-la-Raoult (*Lisieux*, E.). — Statuts d'érection approuvés
par l'autorité épiscopale lexovienne le 24 juillet 1660. (*Archives
de l'Eure*, G. 1690.)

Manthelon (*Evreux*, E.). — Antérieure à la Révolution.

MARAIS-VERNIER (LE) (*Exemption de Dol*, E.). — Antérieure à 1684.

MARBEUF (*Evreux*, E.). — Erection, 24 mai 1720.

MARCHEMAISONS (*Sées*, O.). — 1659. Armoiries dans l'*Armorial* de d'Hozier.

MARCOUVILLE (*Rouen;* aujourd'hui commune de Houville, E.). — 1503.

MAROLLES (*Lisieux*, C.). — 1500.

MARTAGNY (*Rouen*, E.). — Charité encore existante. Patron : saint Vincent.

MARTIGNY (*Rouen*, S.-I.). — Statuts, 2 juillet 1522.

MENESQUEVILLE (*Rouen*, E.). — Charité.

MENNEVAL (*Lisieux*, E.). — Origine prétendue, 1080. Date authentique des statuts, 1407. Ces statuts sont publiés *supra*, II. Matrologue commencé en 1528, remarquable par son ornementation. Armoiries dans l'*Armorial* de d'Hozier. (Cf. H. Saint-Denis, *Notices sur les communes de l'arrondissement de Bernay*, IV, *Menneval*, 1886, p. 205-210.)

MESNIL-EUDES (LE) (*Lisieux*, C.). — Antérieure à 1634 (pièces de procédure, *Archives de la Société historique de Lisieux*).

MERLERAULT (LE) (*Lisieux*, O.). — Charité encore existante. Armoiries dans l'*Armorial* de d'Hozier.

MESLE-SUR-SARTHE (LE) (*Sées*, O.). — Charité.

MESNIL-MAUGER (*Lisieux*, E.). — Antérieure à 1605.

MESNIL-RAOULT (LE) (*Rouen*, S.-I.). — Antérieure à 1663, époque où les statuts furent l'objet d'une nouvelle rédaction.

MEULLES (*Lisieux*, C.). — Charité fondée le 9 juillet 1522, transformée en confrérie du Rosaire en 1666. Elle avait obtenu une bulle d'Urbain VIII en 1637. Armoiries dans l'*Armorial* de d'Hozier. Supprimée à la Révolution et reconstituée en 1803.

MÉZIÈRES (*Chartres*, S.-et-O.). — Existait dès le XVIIᵉ siècle. Patrons : saint Roch et saint Sébastien. Encore en fonctions.

MONTCHEVREL (*Sées*, O.). — Existait au XVIIᵉ siècle.

MONTFORT-SUR-RISLE (*Rouen*, E.). — 1488, date du premier document authentique.

MONTREUIL-L'ARGILLÉ (*Lisieux*, E.). — Origine prétendue, XIVᵉ siècle. Réorganisée, avec nouveaux statuts, en 1612. Armoiries dans l'*Armorial* de d'Hozier.

MONTRÔTY (*Rouen*, S.-I.). — Erection, 1727. (Statuts aux Archives de la Seine-Inférieure, G. 4987.) « On ne trouvait personne pour enterrer les morts, à la suite d'une épidémie survenue l'année précédente, qui a enlevé plus de soixante personnes en moins

9

de trois semaines, de sorte qu'il y a eu des corps qui ont resté deux jours sans être enterrés. »

MORAINVILLE-EN-LIEUVIN (*Lisieux*, E.). — Charité.

MORTAGNE (*Sées*, O.). Eglise Notre-Dame. — 1474.

— Eglise Saint-Jean. — 1557.

— Eglise Sainte-Croix. — Confrérie des Trépassés, existant au XVIIIe siècle. (L'une des Charités de Mortagne a des armoiries dans l'*Armorial* de d'Hozier.)

MOULINEAUX (*Rouen*, S.-I.). — Statuts, 15 octobre 1670.

MOULINS-LA-MARCHE (*Sées*, O.). — Existait au XVIIe siècle.

MOUTIERS-AU-PERCHE (*Chartres*, O.). — Existait en 1651.

MOYAUX (*Lisieux*, C.). — 1515.

N

NEUBOURG (*Evreux*, E.). — Erigée vers 1475. Statuts, 16 septembre 1650. Sous l'invocation du Saint-Sacrement. Armoiries dans l'*Armorial* de d'Hozier. M. le docteur Ozanne a publié, dans un journal dont nous ignorons le nom, plusieurs articles historiques sur la Charité du Neubourg.

NEUFCHATEL-EN-BRAY (*Rouen*, S.-I.). — 1654.

NEUVE-LYRE (*Evreux*, E.). — 1414. Armoiries dans l'*Armorial* de d'Hozier.

NEUVILLE-FERRIÈRES (*Rouen*, S.-I.). — En 1613, plusieurs confréries d'origine ancienne se réunissent en Charité. La même année, cette Charité reçut des statuts. (*Archives de la Seine-Inférieure*, série G.)

NOCÉ (*Sées*, O.). — Bulle d'indulgences de 1676.

NOGENT-LE-ROTROU (*Chartres*, E.-et-L.). — Armoiries de la Charité dans l'*Armorial* de d'Hozier.

NONANCOURT (*Evreux*, E.) — Erection, 1485. Patron : saint Martin.

NORMANVILLE (*Evreux*, E.). — Antérieure à 1630.

NOTRE-DAME-D'APRES (*Evreux*, O.). — 1503.

NOTRE-DAME-DU-BOIS (*Evreux*; aujourd'hui Saint-Evroult-Notre-Dame-du-Bois, O.). — Erection, 8 septembre 1437. Registre commencé en 1717 par un moine de l'abbaye de Saint-Evroult, nommé frère Louis Le Monnier. Ce registre porte cette épigraphe, qu'avait choisie M. Veuclin pour l'inscrire en tête de son recueil de notes : « Quand tu priais avec larmes et que tu ensevelissais les morts, et que tu délaissais ton disner, et que tu cachais les morts en ta maison, et de nuit les ensevelissais, j'ai offert ton oraison au Seigneur (*Tobie*, c. XII, v. 1-2). »

NOTRE-DAME-DU-HAMEL (*Lisieux*, E.). — 1499. Armoiries dans l'*Armorial* de d'Hozier.

O

ORBEC (*Lisieux*, C.). — Origine prétendue, 1006. Bulle de l'évêque de Lisieux, 1453. Charité dissoute en 1777, mais qui reprit ses fonctions en 1788. (Cf. Lacour, *Notice historique sur la ville d'Orbec*, 1867, p. 138 et suiv.)

ORMES (*Evreux*, E.). — Erigée en 1633 et favorisée la même année d'une bulle d'Urbain VIII.

OUILLIE-LE-VICOMTE (*Lisieux*, C.). — Origine ancienne.

P

PACY-SUR-EURE (*Evreux*, E.). — Antérieure à 1639.

PANILLEUSE (*Rouen*, E.). — Antérieure à 1686.

PAS-SAINT-LOMER (*Chartres*, O.). — Antérieure au XVIIIe siècle.

PERRIÈRE (LA) (*Sées*, O.). — Charité.

PERRIERS-SUR-ANDELLE (*Rouen*, E.). — 1668.

PIN (LE) (*Lisieux*, C.). — 1470.

PIN-LA-GARENNE (LE) (*Sées*, O.). — Erigée le 13 août 1599, sous le patronage de saint Sébastien. A conservé un registre contenant ses statuts. — NOTA. L'*Armorial* de d'Hozier contient les armoiries de la Charité du Pin, sans préciser de quelle localité de ce nom il s'agit.

PITRES (*Rouen*, E.). — Charité.

PLASNES (*Lisieux*, E.). — Armoiries dans l'*Armorial* de d'Hozier, au nom *Plauttes*.

PONT-AUDEMER (*Lisieux*, E.). Eglise Saint-Ouen. — Antérieure à 1505. (Cf. *Histoire de la ville de Pont-Audemer*, par A. Canel, 1885, t. II, p. 333-335.)

— Eglise Notre-Dame. — Antérieure à 1522. Statuts du 2 juin 1538. (*Archives de l'Eure*, G. 1714.)

— Église Saint-Germain. — Antérieure à 1672.

PONT-AUTHOU (*Rouen*, E.). — Antérieure à la Révolution.

PONT-DE-L'ARCHE (*Evreux*, E.). — Erection, 1754. Patron : saint Vigor.

PONT-L'ÉVÊQUE (*Lisieux*, C.). — Statuts, 18 juin 1454.

PORTES (*Evreux*, E.). — XVIIIᵉ siècle.

PRÉAUX (*Lisieux*, C.). — Eglise sous le patronage de saint Sébastien, où se rendaient en pèlerinage, le lundi de la Pentecôte
et le jour de la Fête-Dieu, un grand nombre de Charités des
diocèses de Lisieux et de Sées. Il s'y était établi une confrérie
spéciale, à laquelle plusieurs Charités, s'affilièrent entre autres
celles de Falaise en 1551, de Mesnil-Mauger en 1605, d'Orbec
en 1621, de Saint-Pierre-sur-Dive en 1624. (Cf. *Description des
pèlerinages de Préaux*. Lisieux, Hersan, 1850, in-18, 36 p.)

PRÉAUX (*Sées*, O.). — Antérieure à la Révolution.

Q

QUETIÉVILLE (*Lisieux*, C.). — Antérieure à 1622.

QUEVILLON (*Rouen*, S.-I.). — Erigée en 1690. Statuts du 12 mai de
la même année.

QUIÉVRECOURT (*Rouen*, S.-I.). — En 1652, l'ancienne confrérie de
Saint-Robert, « érigée depuis cent ans ou six-vingt ans, » se
transforma en Charité. (*Archives de la Seine-Inférieure*, série G.)
Bulle d'indulgences de 1636, imprimée à Rouen par Jean Viret
(placard in-folio, orné de 3 gravures : un exemplaire aux
Archives de la Seine-Inférieure).

QUILLEBEUF (*Rouen*, E.). — Antérieure à 1579.

R

RAI (*Evreux*, O.). — Charité.

RÉMALARD (*Chartres*, O.). — Charité encore existante. Armoiries
dans l'*Armorial* de d'Hozier.

RENO (LE). Voyez Saint-Mard de Reno.

ROCQUES (*Lisieux*, C.). — Erigée en 1503. (Cf. A. de Caumont,
Statistique monumentale du Calvados, t. V, p. 21, et le même,
De Caen à Bernay par monts et par vaux, ap. *Annuaire normand*,
1864, p. 134-136.)

ROMILLY-SUR-ANDELLE (*Rouen*, E.). — Charité récente.

ROSAY (*Rouen*, E.). — Antérieure à 1716.

ROSEL (*Bayeux*, C.). — Charité existant en 1858.

ROUEN (*Rouen*, S.-I.). Eglise cathédrale de Notre-Dame. — Statuts, 1410. Patron : saint Eustache.

— Eglise paroissiale de Saint-Denis. — Patrons : saints Cosme, Damien et Lambert. Statuts de 1358, publiés par M. Ch. de Beaurepaire pour la Société rouennaise de bibliophiles. (*Statuts de la Charité de Saint-Cosme, Saint-Damien et Saint-Lambert en l'église de Saint-Denis de Rouen*. Rouen, 1888, in-4°, VIII-17 p.)

— Eglise paroissiale de Saint-Godard. — Formée en 1435 de la réunion des deux confréries ou « Charités » du Saint-Sacrement et de Notre-Dame.

— Eglise paroissiale de Saint-Patrice. — Fondée en 1374, sous l'invocation de la Passion de Notre-Seigneur. (Voyez *supra*, introduction, et cf. P. Le Verdier, *Documents relatifs à la confrérie de la Passion de Rouen*, dans la 1re série des *Mélanges* publiés par la Société de l'histoire de Normandie.)

— Couvent des Carmes. — Charité dite confrérie de Notre-Dame de Recouvrance, fondée en 1466. Une miniature en tête du registre des statuts a été reproduite par Hyacinthe Langlois dans son *Essai sur la calligraphie des manuscrits du moyen âge*.

ROUGEMONTIERS (*Rouen*, E.). — Statuts, 1515. Un arrêt du Parlement de Rouen reconnut en 1688 que la Charité de Brestot était plus ancienne que celle de Rougemontiers. (Mme Philippe-Lemaître, *Notice sur Brestot*. — Cf. aussi Duchemin, *Histoire de Bourg-Achard*, p. 365-367.)

ROUSSIÈRE (LA) (*Evreux*, E.). — Erigée en 1823.

RUGLES (*Evreux*, E.). — Armoiries de la Charité dans l'*Armorial* de d'Hozier, figurées par R. Bordeaux dans *les Armoiries des corporations d'arts et métiers d'Evreux et des villes et pays d'alentour*, 1864, pl. 23.

RY (*Rouen*, S.-I.). — Antérieure à 1719.

S

SACQUENVILLE (*Evreux*, E.). — Antérieure à 1610. Encore existante.

SAHURS (*Rouen*, S.-I.). — Statuts, 30 juin 1683. Sous l'invocation du Saint Sauveur.

SAINTE-ADRESSE (*Rouen*, S.-I.). — Cf. A. Martin, *La confrérie de charité de Notre-Dame de Sainte-Adresse* (1633-1792). 1888, in-18.

SAINT-ANDRÉ (*Evreux*, E.). — Antérieure à 1647.

SAINT-AUBIN-DE-BONNEVAL (*Lisieux*, O.). — 11 juillet 1652.

SAINT-AUBIN-DE-SCELLON (*Lisieux*, E.). — Statuts, 1612. Obituaire ou liste des bienfaiteurs, imprimée à Lisieux en 1698 sur une grande feuille de vélin ornée en tête de trois gravures sur bois représentant saint Aubin, le Christ et la sainte Vierge.

SAINT-AUBIN-LE-GUICHARD (*Evreux*, E.). — 1552. (Cf. E. Veuclin, *Les auxiliaires des Trinitaires en Normandie. La confrérie de charité et de la rédemption des captifs de Saint-Aubin-le-Guichard*, 1886, in-8.)

SAINT-BÔMER-LES-FORGES (*Le Mans*, O.). — Armoiries de la Charité dans l'*Armorial* de d'Hozier.

SAINT-CLAIR-D'ARCEY (*Evreux*, E.). — 12 septembre 1538. Armoiries dans l'*Armorial* de d'Hozier, au mot Ercey (Saint-Clair d'). Cette Charité possède son règlement primitif, calligraphié avec luxe sur une large feuille de parchemin ornée d'une grande miniature.

SAINTE-CROIX-SUR-BUCHY (*Rouen*, S.-I.). — Statuts, 1687.

SAINT-DENIS-DE-MAILLOC (*Lisieux*, C.). — « On trouve à côté de l'autel du sud un *Tableau des Fondations de la Confrairie de St-Hubert, érigée de temps immémorial en l'église de St-Denis de Mailloc*. Cette confrérie s'acquitte des mêmes devoirs que les Charités. » (A. de Caumont, *Statistique monumentale du Calvados*, t. V, p. 835.)

SAINT-DIDIER-DES-BOIS (*Evreux*, E.). — Antérieure à 1657.

SAINT-ELOI-DE-FOURQUES (*Rouen*, E.). — 13 juin 1605, bulle d'indulgences du pape Paul V. Statuts rédigés vers la même époque. La Charité dit avoir une origine plus ancienne.

SAINT-ÉTIENNE-DU-ROUVRAY (*Rouen*, S.-I.). — XVe siècle.

SAINT-ÉTIENNE-DU-VAUVRAY (*Evreux*, E.). — Erigée le 13 novembre 1843 par Mgr Olivier, évêque d'Evreux.

SAINT-EVROULT-NOTRE-DAME-DU-BOIS. Voyez Notre-Dame-du-Bois.

SAINT-GATIEN (*Lisieux*, C.). — Antérieure au milieu du XVIIIe siècle.

SAINTE-GAUBURGE-SUR-RISLE (*Sées*, O.). — Règlement du 12 avril 1734.

SAINT-GEORGES-DU-MESNIL (*Lisieux*, E.). — 1435.

SAINT-GEORGES-DU-VIÈVRE (*Lisieux*, E.). — Antérieure au milieu du XVIIIe siècle.

SAINT-GEORGES-SUR-FONTAINE (*Rouen*, S.-I.). — Existait en 1719.

SAINT-GERMAIN-DE-TALLEVENDE (*Coutances*, C.). — Confrérie de charité, dite des Trépassés, formée en 1528 de la réunion de huit anciennes confréries et dirigée par des *mayeurs*. Statuts rédigés à la même date.

SAINT-GERMAIN-LA-CAMPAGNE (*Lisieux*, E.). — Antérieure à 1356.

SAINT-GERVAIS-DES-SABLONS (*Sées*, O.). — 18 août 1646.

SAINT-GRÉGOIRE-DU-VIÈVRE (*Lisieux*, E.). — Charité.

SAINT-HILAIRE-LEZ-MORTAGNE (*Sées*, O.). — Fondée vers 1630. Bulle d'indulgences de la même époque.

SAINT-JEAN-DE-LIVET (*Lisieux*, C.). — Statuts, 1634. Origine prétendue, XIVe siècle.

SAINT-JULIEN-SUR-SARTHE (*Sées*, O.). — Armoiries de la Charité dans l'*Armorial* de d'Hozier.

SAINT-JUST (*Evreux*, E.). — Existait au XVIIIe siècle.

SAINT-LÉGER-DE-RÔTES (*Lisieux*, E.). — Erigée depuis le Concordat.

SAINT-LÉGER-DU-BOURG-DENIS (*Rouen*, S.-I.). — 1751.

SAINT-LÔ (*Coutances*, M.). — Charité de Notre-Dame et de Saint-Jean-Baptiste, organisée en 1520. Voyez l'analyse des statuts, *supra*, VII.

-- Confrérie de Saint-Jean-aux-Chapeaux. Statuts (1381-1386), publiés *supra*, I.

SAINT-LOUP-DE-FRIBOIS (*Lisieux*, C.). — Charité existant en 1834.

SAINT-MARD-DE-RENG (*Sées*, O.). — 1555. Règlement de 1734. Armoiries dans l'*Armorial* de d'Hozier, au nom : Reno.

SAINTE-MARTHE (*Evreux*, E.). — Charité existant seulement depuis la Révolution.

SAINT-MARTIN-AUX-ARBRES (*Rouen*, S.-I.). — Fondée vers 1621 et appelée confrérie de charité des agonisants.

SAINT-MARTIN-DE-BIENFAITE (*Lisieux*, C.). — Antérieure à 1656.

SAINT-MARTIN-DE-FRIARDEL. Voyez Friardel.

SAINT-MARTIN-DU-VIEUX-BELLÊME (*Sées*, O.). — Erigée à la fin du XVe siècle.

SAINT-MAURICE-SUR-HUISNE (*Sées*, O.). — 1744.

SAINT-NICOLAS-DU-BOSC-L'ABBÉ (*Lisieux*, E.). — Erigée depuis le Concordat.

SAINTE-OPPORTUNE-PRÈS-VIEUX-PORT (*Rouen*, E.). — Antérieure à 1701.

SAINT-OUEN-DES-CHAMPS (*Rouen*, E.). — Antérieure à 1610.

SAINT-OUEN-DU-BREUIL (*Rouen*, S.-I.). — Approbation des statuts, 1655.

SAINT-OUEN-LE-PEINGT (*Bayeux*, exemption de Cambremer, C.). — Antérieure à 1600.

SAINT-PAËR-EN-CAUX (*Rouen*, S.-I.). — Antérieure à 1652, date du renouvellement des statuts.

SAINT-PHILIBERT-DES-CHAMPS (*Lisieux*, C.). — 1er février 1632, bulle de Philippe Cospean, évêque de Lisieux. L'original existait dans les archives de la Charité en 1720.

SAINT-PHILBERT-SUR-RISLE (*Lisieux*, E.). — Antérieure à 1661. Armoiries dans l'*Armorial* de d'Hozier.

SAINT-PIERRE-DE-CERNIÈRES (*Evreux*, E.). — Armoiries de la Charité dans l'*Armorial* de d'Hozier.

SAINT-PIERRE-DU-BOSGUERARD (*Evreux*, E.). — Antérieure à 1744.

SAINT-PIERRE-SUR-DIVE (*Sées*, C.). — 1620, date plus ancienne constatée.

SAINT-QUENTIN-DES-ILES (*Lisieux*, E.). — L'église était lieu de pèlerinage pour les Charités des environs, qui s'y rendaient processionnellement le jeudi de la Fête-Dieu.

SAINTE-SCOLASSE-SUR-SARTHE (*Sées*, O.). — Existait au XVIIe siècle.

SAINT-SÉBASTIEN-DU-BOIS-GENCELIN (*Evreux*; aujourd'hui Saint-Sébastien-de-Morsent, E.). — Charité. Le lundi de la Pentecôte, les Charités de la contrée voisine vont en pèlerinage à Saint-Sébastien-de-Morsent. Ce pèlerinage fut fondé au XVe siècle, à l'occasion d'une peste noire. (*Notes de M. Auguste Le Prevost pour servir à l'histoire du département de l'Eure*, III, 208.)

SAINT-VICTOR-DE-CHRÉTIENVILLE (*Lisieux*, E.). — Erigée en 1848.

SAINT-VICTOR-D'EPINE (*Lisieux*, E.). — Antérieure à 1615.

SAINT-VICTOR-DE-RENO (*Sées*, O.). — 1743.

SAINT-VINCENT-DU-BOULAY (*Lisieux*, E.). — Origine ancienne. Statuts rédigés à nouveau en 1659. Bulle d'indulgences de 1664. Cette Charité, placée sous l'invocation de la Vierge, du Saint-Sacrement et de saint Vincent, prenait le titre d'Archiconfrérie-Charité. Armoiries dans l'*Armorial* de d'Hozier.

SAINT-YMER (*Lisieux*, C.). — Erigée en 1539. (A. de Caumont, *Statistique monumentale du Calvados*, IV, 220.)

SAUSSAYE (LA) (*Evreux*, E.). — Origine remontant à plusieurs siècles. Patron : saint Sébastien.

SÉBÉCOURT (*Evreux*, E.). — Existe seulement depuis la Révolution.

SÉES (*Sées*, O.). Eglise Saint-Pierre. — Règlement du 17 juin 1733.

— Eglise Notre-Dame-de-la-Place. — Approbation des statuts, 3 février 1772.

— Eglise Notre-Dame-du-Vivier. — 1649.

— A l'heure actuelle, il existe encore dans le diocèse de Sées, c'est-à-dire dans le département de l'Orne, une cinquantaine de Charités en exercice.

SERQUIGNY (*Lisieux*, E.). — 1608.

SOLIGNY-LA-TRAPPE (*Sées*, O.). — Antérieure à 1614. Armoiries dans l'*Armorial* de d'Hozier.

SURVILLE (*Lisieux*, C.). — Etablie en 1453. L'évêque de Lisieux, en approuvant les statuts, accorda 40 jours d'indulgence. Cette Charité a conservé son matrologue, commencé à l'époque de la fondation. (Cf. Ch. Vasseur, *Le registre de la Charité de Surville*, 1864 ; extrait des *Mémoires de la Société des Antiquaires de Normandie*, 3e série, 5e vol., p. 549-570 ; — H. de Formeville, *Notice sur quelques Charités de la ville et de l'ancien diocèse de Lisieux*, ap. *Bulletin de la Société des Antiquaires de Normandie*, t. IV, 1866, p. 524-527 ; — et le même, *Histoire de l'ancien évêché-comté de Lisieux*, t. Ier, 1873, p. ccc-cccij.)

T

THIBERVILLE (*Lisieux*, E.). — Lettres d'érection, 2 octobre 1514. Bulle d'indulgences de Clément XII, 4 juillet 1735. Patrons : saint Taurin, saint Sébastien et sainte Barbe. Armoiries dans l'*Armorial* de d'Hozier, figurées par R. Bordeaux dans *les Armoiries des corporations d'arts et métiers d'Evreux et des villes et pays d'alentour*, 1864, pl. 23. (Cf. H. de Formeville, *Notice sur quelques Charités de la ville et de l'ancien diocèse de Lisieux*, ap. *Bulletin de la Société des Antiquaires de Normandie*, t. IV, 1866, p. 527-529 ; le même, *Histoire de l'ancien évêché-comté de Lisieux*, 1873, t. Ier, p. cccij-ccciij ; et L.-A. Fournier, *Histoire du canton de Thiberville*, 1888, p. 26-34.)

THIBOUVILLE (*Evreux*, E.). — 1514.

THUIT-SIGNOL (LE) (*Evreux*, E.). — Statuts, 9 mars 1675.

THUIT-SIMER (LE) (*Rouen*, E.). — Patron de la Charité : saint Ouen.

TILLEUL-OTHON (LE) (*Evreux*, E.). — 1730, érection d'une confrérie du Saint-Sacrement, qui inhumait les morts. Statuts de la même année. (*Archives de l'Eure*, G. 1776.)

TILLIÈRES-SUR-AVRE (*Evreux*, E.). — 1393.

TORQUESNE (LE) (*Lisieux*, C.). — Charité transformée au xviie siècle en confrérie du Rosaire.

TOUFFREVILLE-LA-CORBELINE (*Rouen*, S.-I.). — Antérieure à 1610.

TOURGÉVILLE (*Lisieux*, C.). — Approbation des statuts, 1540. Volumineux registre commencé à la fin du xvie siècle (Cf. Ch. Vasseur, *Le matrologue de la Charité de Tourgéville*, 1875 ;

extrait des *Mémoires de la Société des Antiquaires de Normandie*, 3ᵉ série, t. IX, p. 1-33.)

TOUROUVRE (*Chartres*, O.). — 1583. M. Vaugeois cite un titre de 1554 (*Histoire de Laigle*, p. 556). Patron : saint Sébastien. Armoiries dans l'*Armorial de* d'Hozier.

TRIE-CHATEAU (*Rouen*, Oise). — Existait au XVIIIᵉ siècle.

TRINITÉ-DE-THOUBERVILLE (LA) (*Rouen*, E.). — Statuts, 1677.

TRINITÉ-DU-MESNIL-JOSSELIN (LA) (*Evreux*; aujourd'hui la Trinité-de-Réville, E.). — Origine prétendue, 1020. Armoiries dans l'*Armorial de* d'Hozier, au nom : Mesnil-Josselin.

TRONQUAY (LE) (*Rouen*, E.). — Erigée en 1646, sous l'invocation du Saint-Nom de Jésus. (Cf. Duchemin, *Notice historique sur le Tronquay et les Hogues*, 1890, p. 97.)

TROUVILLE-LA-HAULE (*Rouen*, E.). — Statuts approuvés par l'archevêque de Rouen les 23 mai 1662 et 21 juin 1664. (*Archives de l'Eure*, G. 1779.) La confrérie prétend remonter à une époque plus ancienne.

THUN (*Sées*, O.). — Erigée à la fin du XVIIᵉ siècle.

V

VALAILLES (*Lisieux*, E.). — Erigée depuis le Concordat.

VARNEVILLE-AUX-GREZ (*Rouen*; aujourd'hui Varneville-Bretteville, S.-L.). — Réorganisée en 1669.

VAUCELLES. Voyez Caen.

VAUMAIN (LE) (*Rouen*, Oise). — Dissoute à la Révolution.

VERNEUIL (*Evreux*, E.). Eglise Notre-Dame. — Erection, 15 août 1480. Le trésor de l'église possède plusieurs registres de cette Charité.

— Eglise Saint-Jean. — Fondée en 1488.

— Eglise de la Madeleine. — Charité antérieure à 1560.

VERNON (*Evreux*, E.). Eglise collégiale de Notre-Dame. — M. Meyer (*Histoire de Vernon*) affirme sans preuves que cette Charité fut fondée en 1319. Elle était sous l'invocation du Saint-Sacrement. Statuts renouvelés en 1783. (Cf. Meyer, *op. cit.*, t. II, p. 279-284.) Une cérémonie singulière que cette confrérie célébrait chaque année, le jour de la Fête-Dieu, a fait l'objet d'une lettre insérée dans le *Mercure de France*, juillet 1732.

VERNONNET (*Rouen*; aujourd'hui commune de Vernon, E.). —

xvᵉ siècle. Statut renouvelés en 1650 et en 1722. (Cf. Meyer, *Histoire de Vernon*, II, 325.)

VERRIÈRES (*Sées*, O.). — 2 septembre 1594. Armoiries dans l'*Armorial* de d'Hozier.

VÉTHEUIL (*Rouen*, S.-et-O.). — Statuts approuvés le 27 avril 1583 par Grégoire XIII.

VILLEQUIER (*Rouen*, S.-I.). — Charité tombée, reconstituée en confrérie du Rosaire en 1684. Patron : saint Martin.

VILLERS-CHAMBELLAN (*Rouen;* aujourd'hui Villers-Ecalles, S.-I.). — Statuts, 30 août 1665.

VILLERS-SUR-MER (*Lisieux*, C.). — 20 mai ou 20 septembre 1650, érection. Patron : saint Martin.

VILLIERS-SOUS-MORTAGNE (*Sées*, O.). — Bulle d'indulgences de 1699. Armoiries dans l'*Armorial* de d'Hozier.

VIMOUTIERS (*Lisieux*, O.). — Antérieure à 1657. Bulle d'indulgences de 1658, gravée sur une grande plaque d'ardoise dans une chapelle latérale de l'église.

VIRE (*Bayeux*, C.). Eglise Notre-Dame. — Confrérie de charité dite de la Sainte-Trinité et de la Passion, existant en 1565.

— Eglise Sainte-Anne. — Antérieure à la Révolution.

VITTEFLEUR (*Rouen*, S.-I.). — 1573. Patron : saint Sébastien.

Y

YAINVILLE (*Rouen*, S.-I.). — Statuts, 22 juillet 1634.

CORRECTIONS

DOCUMENTS

V. Charité de Saint-Gervais de Falaise. — Les statuts de la Charité de Saint-Gervais de Falaise sont reproduits dans les lettres d'approbation données par Robert Cornegrue, évêque de Sées, au mois de juin 1463, et ces lettres nous sont connues elles-mêmes par un *vidimus* de Richard Boutevillain, notaire apostolique à Sées, du 28 juin 1471, dont l'original, sur parchemin carré d'environ 60 centimètres, existe aux archives de l'Orne. A ce *vidimus* est annexée une autre lettre de Robert Cornegrue, du 12 juin 1464.

VI. Charité de Chennebrun. — Les statuts originaux n'existent plus. Le texte donné par M. Veuclin est emprunté à une copie du XVIIe siècle, sur papier, incomplète du commencement et de la fin. (Archives de l'Orne, série G : *Confréries.*)

IX. Charité d'Alençon. — Les lettres patentes n'ont jamais existé qu'en projet. Ce projet est conservé. Archives de l'Orne, série C, 697, et non série G, 56, comme nous l'avions indiqué à la fin du document.

LISTE DES CHARITÉS

Falaise (Saint-Gervais de). — *Lire:* Erection, 1463. Statuts approuvés la même année.

Nota. *Les éléments de ces rectifications nous ont été fournis par une obligeante communication de M. L. Duval, archiviste de l'Orne.*

FIGURES

Fig. 1

Miniature du livre de la Charité de Menneval. Dessin de M. Vaucanu.

Saint Pierre, assis, revêtu du costume pontifical. A sa droite,
saint Paul; à sa gauche, saint Michel; au-dessous, la sainte Vierge
agenouillée. Riche encadrement de feuillage, au bas duquel le
Christ portant sa croix. Deux phylactères, à droite et à gauche de
saint Pierre, portent cette inscription : CESTE · PRESENTE ·
MAIESTE · FVT · FAICTE · LAN · MIL · CINQ · CENS · VINGT · VIII.

Cy commencent les estatus et
Ordonnances de la cherite de
Maneual apprones de mon
sieur leuelque de lisieulx.

Vniers presentes lateras
inspecturis. Guillermus permissione duina
lexquiensis epus salutem in dno sempiternam.
Duo parte dilectou nobis in xpo filiop Ioannis
planquette Ioannis holequet Ioannio dumoul
her egidy seruy colim blondel Roberti delau
ney petri uiuian guillerim saiel guillermi
bapere Roberti lateuie Roberti salle hugonis

et entree premiere a la dicte cha
rite sera tenu de paier dix de
niers tournois pour souple.
Et a chacune des dictes sestes
cest a scauoir a la chaire sainct
pierre en seurier et a la sainct
pietre en iuing Et a la soinct
michel parrillement dix de
niers tournois.

Cy ensyt lordon des messes.
Item pour le salut des ames
des freres et des soeurs et

Fig. 2

Miniature en tête des statuts de la Charité de Menneval (même registre). Dessin de M. Vaucanu.

Quatorze frères agenouillés, vêtus de robes de diverses couleurs et portant sur l'épaule une écharpe bleue ou chaperon. Au-dessus de l'initiale ornée, le clerc et le tintenellier, également agenouillés et tous deux portant l'écharpe bleue, mais couverts, le premier d'un surplis, et le second d'une tunique verdâtre.

On ne manquera pas de remarquer la différence entre le commencement des statuts, tel qu'il apparaît dans cette figure : « Cy commencent les estatus et ordonnances de la cherité de Maneval, approuvés de monsieur l'évesque de Lisieulx, » et le début du texte donné par M. Veuclin. Cette différence provient de ce que M. Veuclin a négligé la pièce liminaire, qui est la copie des lettres de Guillaume d'Estouteville, évêque de Lisieux, et de ce qu'il a entrepris sa transcription à l'endroit seulement où commencent les statuts proprements dits, au bas de la première colonne : « Ensuivent les estatus et ordonnances de la confrarie et charité ordonnée et establie en l'église Sainct Pierre de Maneval. »

Fig. 3

Miniature du livre de la Charité de Menneval, représentant des pèlerins parvenus devant la ville, but de leur voyage (?). Bordure feuillagée à droite.

Dessin de M. Vaucanu.

Fɪɢ. 4

Miniature du matrologue de la Charité de la Couture de Bernay
(fin du xvᵉ siècle). Dessin de M. Vaucanu.

La Trinité. Dieu le Père, assis, tient devant lui Jésus-Christ en
croix. Une colombe, qui n'a pas été reproduite par le dessinateur,
devait figurer le Saint-Esprit, au-dessus de la tête du Fils. Au fond,
derrière une tenture, les bienheureux contemplent la Trinité.
Riche encadrement d'architecture gothique.

FIG. 5

Miniature du matrologue de la Charité de la Couture (fin du xvᵉ siècle). Dessin de M. Vaucanu.

Le couronnement de la Vierge. Des anges jouent de divers instruments. Encadrement architectural et végétal de style gothique.

FIG. 6

Le tintenellier de la Charité de Sainte-Foy de Conches. — Fragment d'un vitrail en grisaille du XVIIe siècle, au bas du collatéral nord de l'église Sainte-Foy de Conches, représentant le cortège de la Charité. Dessin de M. Laumonier

CHARITÉ D'AUTHEUIL, FONDÉE EN 1618.

TABLE

		Pages.
AVERTISSEMENT.		5
DOCUMENTS		13
I.	Statuts de la confrérie de Saint-Jean-aux-Chapeaux de Saint-Lô (entre 1381 et 1386)	13
II.	Statuts de la Charité de Menneval (1407).	17
III.	Statuts de la Charité d'Evreux (1421).	26
IV.	Statuts de la Charité de l'église Notre-Dame de Louviers (1450)	47
V.	Statuts de la Charité de l'église Saint-Gervais de Falaise (1463)	54
VI.	Statuts de la Charité de Chennebrun (1493).	60
VII.	Statuts de la Charité de l'église Notre-Dame de Saint-Lô (1520)	69
VIII.	Règlement des Charités du diocèse de Lisieux (1728) .	72
IX.	Projet de lettres patentes en faveur de la Charité d'Alençon (1736)	80
X.	Bulle d'indulgences accordée par le Pape Urbain VIII à la Charité d'Amfreville-la-Campagne (1633)	109
LISTE DES CONFRÉRIES DE CHARITÉ sur lesquelles M. Veuclin a recueilli des renseignements, dressée par ordre alphabétique, avec l'indication des diocèses dont elles dépendaient avant la Révolution, celle du département actuel, la date de leur origine certaine ou prétendue, celle de leur réglementation, etc		112
CORRECTIONS.		139
FIGURES		141

ÉVREUX, IMPRIMERIE CHARLES HÉRISSEY

www.ingramcontent.com/pod-product-compliance
Lightning Source LLC
Chambersburg PA
CBHW070758290326
41931CB00011BA/2068